Pequeñas infidelidades
en la pareja

«Ambos tenían esposa (…). Se encontraban en aquel punto de la vida en común en el que se descubre, en la inexorable cotidianeidad de la existencia, en los hechizos disipados, la atención que se necesita para restituir constantemente al amor lo que el tiempo le roba y hacer destellar lo que le aporta».

La conversación amorosa
ALICE FERNEY

ISBN: 978-1-64461-404-4

Dr. Patrick Blachère
Sophie Rouchon

PEQUEÑAS INFIDELIDADES EN LA PAREJA

¿Tolerancia o ruptura?

dve
PUBLISHING

Introducción

Hoy en día comprometerse a vivir en pareja obliga a tener en cuenta las estadísticas actuales sobre el divorcio. A nadie le gusta demasiado la idea de que la mitad de los hombres casados y una esposa de cada tres engañan, por lo menos una vez, a su cónyuge. Y no son cosas que ocurran sólo a los demás. El día que entramos en el mundo de los amantes y las amantes clandestinos, entramos a la vez en un mundo de secretos y de soledad. No es cuestión de confiarse, y aún menos de lamentarse; parece que hemos estado de suerte... Y si es nuestra pareja quien «tiene un lío», al disgusto se añade el sentimiento de culpa por no ser «suficientes» para ella y por comportarnos, además, con posesividad. Reconozcamos que no por ser una práctica habitual, es en absoluto banal. Nadie es inmune a los caprichos de su pareja y a las propias tentaciones, del mismo modo que nadie sabe a qué santo encomendarse, ni qué pensar de un pequeño desliz.

No hace demasiado tiempo, la respuesta era clara: el marido o la esposa infieles eran considerados delincuentes a ojos de la ley, pecadores ante Dios y, por añadidura, motivo de vergüenza para la familia. Algunas sociedades condenan a muerte, todavía hoy, a las mujeres infieles. Y, sin embargo, ni la ley, ni la moral, ni la religión han evitado nunca que las mujeres y los hombres se amaran a escondidas. Y no va a ser precisamente ahora, en estos tiempos en que la «realización personal» es una obligación, cuando todo esto se acabe. Con mayor motivo aún cuando desde hace unas décadas el adulterio ya no está castigado por la ley. De hecho, al casarse, ¿quién piensa en la «fidelidad recíproca» a la que, sin embargo, nos comprometemos ante el representante del estado civil o ante el cura? A todo ello se añade el agravante de que muchos de nosotros nacimos entre 1960 y 1970, con un modelo parental bastante libertino.

El animal que llevamos dentro, y que se rige por las buenas maneras desde hace relativamente poco, lidia en un mundo laboral mixto en donde le acechan el aburrimiento y las fantasías, en un mundo de migraciones colectivas y embriagadoras hacia la arena cálida y otros motivos de acaloramiento en *shorts* y deportivas unisex. Dejarse arrastrar por el juego de la seducción y luego pasar al flirteo a la salida del trabajo se han convertido, con la proximidad de los dos sexos, en un placer al alcance de todo el mundo. A ello debemos añadir el hecho de que —¡horrible injusticia!— las personas que tienen pareja gozan de un plus en la cotización. Porque nada es más deseable que aquello que pertenece a otro.

«Mientras tu marido no lo sepa...», «Me parece innoble...», «Venga, sólo se vive una vez...», «Vas a arruinar tu matrimonio...». Todas las personas que nos rodean tienen una idea formada acerca de lo que está bien y lo que está mal, de hasta dónde se puede llegar y con quién. Pero por medio de sus consejos, por muy sensatos y sinceros que estos sean, en realidad nos están hablando de ellas mismas: de su historia, su moral y sus miedos. No nos ayudan a ver la situación con claridad.

«Doctor, ¿qué opina usted del adulterio?». Finalmente, la pregunta acaba siendo planteada al facultativo: sexólogos, terapeutas de la pareja, psicoterapeutas, pero de un modo impersonal, ocultando una confesión personal. Sin embargo, el hombre del arte —aunque sea el arte de amar— no es quién para absolver o demonizar los amores extraconyugales. ¿Qué está en juego en el adulterio? Al responder a esta pregunta se da la posibilidad de que cada cual componga su propia «moral».

Pequeñas infidelidades en la pareja

Si este tema le inquieta o le causa preocupación, en este libro encontrará respuestas a sus preguntas, para entender y perdonar (o no), sin destrozarse el alma: «¿Soy especialmente celoso?», «¿Por qué buscamos a otras personas?», «¿Qué tiene él (ella) que no tenga yo?», «¿Conviene contárselo todo?».

¿Es usted quien está tentado por una aventura? Le proponemos ayudarle a medir los riesgos a los que se expone usted, su pareja, su familia. De la misma manera que un especialista valora el riesgo que corre un paciente cardiaco que se dispone a practicar un deporte que, según él mismo, «le hará bien», es preferible evaluar las posibles repercusiones para la pareja. Porque si por prudencia uno se priva de todo, también se expone a morir de aburrimiento.

Y si siendo infieles acabamos siendo engañados, sabremos cómo recuperar la situación de la mejor manera posible para la pareja.

Capítulo 1

¿Estamos hechos para ser fieles?

Muchos especialistas en ciencias humanas explican nuestro comportamiento sexual, y el adulterio en particular, a partir de nuestros orígenes animales. Más cultural que natural, la fidelidad se antoja como una virtud bastante frágil.

Lo que dicen de nosotros los animales

En todos los animales, la función sexual tiene como objetivo fundamental la procreación y, por tanto, la perpetuación de la especie. Ahora bien, ¿quiénes son los campeones de la fidelidad «conyugal» en el mundo animal? Los ovíparos, y más concretamente los peces. No se trata de un hecho casual: la eclosión de los huevos, que sucede rápidamente a la fecundación, demuestra la eficacia del apareamiento. Ni el macho ni la hembra tienen necesidad alguna de ir a pavonearse ante otros posibles compañeros para asegurarse la descendencia. Al contrario de lo que ocurre con los mamíferos, y especialmente los primates, que nunca están seguros de haber sembrado su «semilla». Nosotros, los seres humanos, nos esforzamos en vivir como los pájaros, cuando en realidad estamos más cerca de los monos, que tienen costumbres muy libres.

⇨ Nuestros primos los monos

Todo el mundo sabe que la mayor parte de los primates machos tienen un coito extraordinariamente rápido, seguido de un periodo refractario, más corto cuanto más joven es el individuo. Paralelamente a la desaparición de la erección, debida a la acción de los neurotransmisores, el macho, después del último vaivén, es invadido por una somnolencia comparable a la beatitud del bebé después de mamar. Si bien en los seres humanos la eyaculación precoz y la somnolencia después del orgasmo están bastante mal vistas por parte del elemento femenino de la pareja, en algunos simios es un deber «social». En su estado de placidez y flacidez, el macho dominante, tan temido por el clan, cede el lugar a los jóvenes en la noble función de multiplicar las posibilidades de garantizar la continuidad de la especie. En el momento en que el «titular» baja la guardia, un competidor apresado se ocupa de su querida. Una conducta que, trasladada a nuestra sociedad, no se ajustaría a las normas de urbanidad. Partiendo del principio según el cual las mujeres, al igual que las hembras simias, son capaces de encadenar las relaciones sexuales y no pasan por el estado de somnolencia posterior al coito, y teniendo en cuenta que la eyaculación masculina es rápida por naturaleza, algunos teóricos deducen que las mujeres tienden por genética al adulterio.

⇨ Para lograr un buen semental se necesitan múltiples yeguas

Afortunadamente para ellos, los hombres infieles también pueden encontrar en el comportamiento animal una explicación en forma de excusa. En cierta ocasión Calvin Coolidge, presidente de Estados Unidos a principios del siglo XX, realizó una visita a un gallinero. Al parecer, el criador hizo observar a la esposa del presidente que los gallos copulaban varias decenas de veces al día, a lo que ella exclamó, con ocurrencia: «¡Dígaselo al presidente!». Fue así como nació oficialmente en la jerga de los expertos el «efecto Coolidge», que explica que el hecho de cambiar de hembra es un afrodisiaco natural. Los criadores ya tenían conocimiento de este fenómeno desde tiempos remotos; antiguamente, los inseminadores de vacas y yeguas ya lo aplicaban. El semen de un *crack* de los hipódromos o el de un toro de concurso vale su peso en oro. Pero, como todos los mamíferos, estos también sufren el famoso periodo refractario. Por este motivo, para ganar tiempo y obtener rápidamente una segunda muestra del valioso líquido, se les presenta otra hembra. ¡Nada como una congénere fresca y receptiva para despertar el deseo! En opinión de algunos investigadores, el efecto Coolidge podría explicar el origen de comportamientos sexuales de excelentes resultados que describen algunos hombres en prácticas que incluyen a varias mujeres. Estas proezas sólo serían posibles con una disminución de la duración del periodo refractario.

⇨ Las hembras se pirran por los desconocidos

El efecto Coolidge tiene su vertiente femenina, que se observa en los chimpancés, entre otros. La famosa hinchazón genital de las hembras es una señal de disponibilidad sexual. Se ha observado que esta excrecencia tan visible puede aparecer en la hembra en una noche si se le pone un desconocido al lado. Ello da mucho que pensar y nos lleva a la conclusión de que nuestro parentesco con los primates no parece que nos predisponga a ser fieles...

⇨ Sólo tenemos que mirarnos

Para arrimar el ascua a la sardina de quienes creen que, decididamente, la monogamia no forma parte de nuestra naturaleza, sólo debemos observar cuántas diferencias físicas hay entre los hombres y las mujeres. Los primeros, más corpulentos y fuertes, todavía tienen el aspecto de los machos que deben competir para acceder a las hembras. Es un rasgo típico de las especies polígamas, en contraposición con las especies monógamas, en las que los machos y las hembras son casi iguales. El fenómeno es espectacular en los pájaros: las especies más fieles resultan ser aquellas en las que el plumaje de los machos es menos llamativo, porque no necesitan ningún esfuerzo «de vestimenta» para atraer a las hembras. Hay quienes opinan que con la moda actual, bastante unisex —hombres un poco más delicados que antes y mujeres con un *look* más deportivo—, tendemos a una uniformización de los sexos, con lo cual deducen de la teoría de Darwin que nuestra especie podría estar dirigiéndose hacia la fidelidad...

⇨ ¿Habrá pronto una vacuna?

Los ratones de campo son fieles a su pareja. Sin embargo, estos pequeños roedores también son agresivos. ¿Tiene esto alguna relación? Otra especie de ratones que vive en las llanuras tiene un comportamiento diferente: estos animalitos son menos íntegros y tienen varias compañías. Se ha conseguido demostrar que actuando químicamente en su sistema nervioso se modifica su comportamiento: entonces el ratón fiel y agresivo se muestra más sociable... y también más «ligón». Por el momento, ningún científico ha podido aislar la molécula de la fidelidad en la especie humana. Por tanto, hoy por hoy, no cabe la esperanza o el temor de una perspectiva terapéutica.

La sociedad regula la sexualidad

En nuestra sociedad, cada vez menos religiosa y sin represión judicial, la fidelidad sigue considerándose «un valor esencial», por lo menos al principio de la vida conyugal. Los especialistas en terapia de la pareja lo constatan todos los días: la culpabilidad es un lastre para muchos. A veces se expresa por medio de síntomas y, concretamente, en forma de «gatillazos».

No es fácil construirse una moral propia en una sociedad que banaliza tanto el sexo, después de haberlo controlado en todos sus aspectos. Algunos valores del pasado, transmitidos por nuestros padres o, en cualquier caso, por nuestra educación, parecen estar anclados en nosotros. El adulterio todavía deja un sabor de boca pecaminoso. Y es que es una cuestión que viene de lejos.

⇨ Las prohibiciones sexuales

Todas las civilizaciones han conocido prohibiciones sexuales de distintas funciones. La más evidente es la necesidad de concebir niños, lo cual relegó durante mucho tiempo la sodomía al rango de las perversiones innobles. Esto también explica por qué las relaciones sexuales durante la menstruación han estado y aún siguen estando prohibidas en ciertas culturas. El tabú siempre tiene una utilidad social.

En ciertos periodos de la historia, algunas prácticas hoy en día condenadas, como por ejemplo la pedofilia, estaban autorizadas, naturalmente cumpliendo ciertas condiciones. Los historiadores han averiguado que algunas perversiones sociales sólo estaban toleradas en la medida en que no cuestionaban los fundamentos de la sociedad. Así, las leyes han ido evolucionando según las culturas y las épocas, de modo contradictorio.

⇨ Leyes antiguas sorprendentes

En la civilización antigua, la organización social se basaba esencialmente en el modelo jerárquico: por un lado, dominantes y, por otro, dominados. Por eso la pederastia o la sodomía entre hombres podían ser toleradas con la condición de que el elemento «pasivo» tuviera un rango inferior al de su amante.

Y una cosa sorprendente desde el punto de vista del siglo XXI: algunas leyes antiguas condenaban a la pena capital la felación y, sobre todo, el cunnilingus.

⇨ Sexualidad subversiva

Llama la atención el hecho de constatar que los periodos históricos en los que se producen transformaciones sociales están asociados a la aparición de formas de sexualidad subversivas. En este sentido, la Revolución Francesa estuvo marcada por los escritos del marqués de Sade.

Más recientemente, los hechos de mayo del 68 indujeron a una revolución sexual. En aquella época hubo incluso quien veía en las prácticas sexuales «liberadas» un acto revolucionario.

¿Y si hoy fuera la fidelidad conyugal la que representara una práctica subversiva, en una sociedad en la que ha quedado superada la idea de compromiso y de fidelidad, también en el comercio y en el trabajo?

⇨ ¿Y el adulterio?

Los hombres de la Antigüedad necesitaron regular la unión de los hombres para garantizar la cohesión social. Así nació el concepto de pareja, primero, y luego el de matrimonio. El adulterio, como debilitaba este orden social, fue rápida y severamente reprimido. Recordemos que, actualmente, en algunos países musulmanes, la *sharia*, o ley islámica, castiga esta falta con un determinado número de latigazos, con pena de cárcel o incluso con la pena capital.

En las regiones del mundo con fuerte tradición rural, la pareja sigue siendo fundamental para la supervivencia económica. En dichos países, la infidelidad conyugal todavía es un delito. Pero en las sociedades modernas, la pareja ya no parece indispensable para el buen funcionamiento económico del sistema. La evolución de la legislación hacia la despenalización del adulterio se convierte, pues, en algo lógico.

En España el adulterio fue despenalizado a finales de los setenta con la ley 22/1978 del 26 de mayo.

Lo esencial

- En el mundo animal, los más fieles son los pájaros. El hombre es más parecido al mono: tiende a la infidelidad, es eyaculador precoz por naturaleza y se cansa después del coito. La hembra está dispuesta a recomenzar.

- Los criadores nos enseñan que uno de los mejores afrodisiacos es el cambio de hembra.

- Todo nos lleva a pensar que el hombre es más bien un infiel contrariado. Se han realizado experimentos con roedores que han demostrado que se puede modificar este comportamiento actuando en el sistema nervioso.

- Desde siempre, la sociedad ha regulado la sexualidad centrándose sobre todo en la necesidad de preservar el patrimonio y las estructuras sociales.

- El adulterio está despenalizado en España desde el año 1978.

Capítulo 2

La pareja, un pequeño club

Amarse mucho, durante mucho tiempo, teniendo cada uno ocupaciones satisfactorias: esto es todo lo que se espera, por no decir se exige, de la pareja. Dado que no hay modelos y que hemos leído demasiados cuentos de hadas, vacilamos cuando la rutina suple al amor apasionado, hasta el punto de plantearnos soluciones a veces arriesgadas.

En busca de un ideal

Velos, encajes, flores... La boda está envuelta en una aureola de romanticismo que hace difícil imaginar que hace algunas generaciones su función fuera unir dos familias en el interés de sus patrimonios. Que la pareja de herederos formada de este modo se amara o no era un aspecto secundario, con tal de que respetara a sus padres y dejara una honorable descendencia. El concepto moderno de pareja consistente en la unión de dos personas que se eligen mutuamente y crean un hogar independiente del de sus padres no aparece hasta finales del siglo XIX, con la industrialización. La familia se ha reducido poco a poco a una madre, un padre y sus hijos. Y ya que ahora nos escogemos, no hay otro culpable que uno mismo si el infierno sucede a la fiesta.

⇨ Un nido bien acolchado

Con el acceso de la mujer al mercado laboral y con la posibilidad de controlar los nacimientos, criar a los hijos ha dejado de ser el único objetivo de la vida. Incluso hay quien descubre que se puede vivir muy bien sin ellos. Por otro lado, la crisis del petróleo de 1973, que conllevó un incremento galopante del paro, ha ensombrecido irremediablemente el futuro. Los hijos han pasado a representar una inversión arriesgada. La elección del estilo de vida y el trabajo se apartan de toda tradición. Nuestros padres prefirieron tener menos hijos para ocuparse mejor de ellos. Los abuelitos se han quedado fuera. El clan —mamá, papá, dos niños, un perro— se ha atrincherado en una vivienda moderna, llena de electrodomésticos.

⇨ Se apuesta todo por la pareja

La afición por las artes domésticas ha sido sustituida desde hace una década por el entusiasmo por la decoración. Más que nunca nuestro nido debe ser acogedor para nuestra pequeña manada. Y ello se ve reforzado por la imagen que ofrecen los medios de comunicación de un «exterior» particularmente poco hospitalario, empezando por el mundo laboral. Quienes disfrutan con su trabajo y le dedican tiempo están mal vistos y son tildados de adictos al trabajo. El trabajo, que tanto nos maltrata, ha perdido su valor. Por el lado de la política, ya nadie cree en el compromiso que nos inducía a militar o a manifestarnos. Y en cuanto a defender la patria... Entonces, se apuesta todo por la pareja. En el seno de este grupo social minúsculo, a veces agobiante de tibieza, es donde pretendemos ser héroes, aunque el precio a pagar sea la estrechez del individuo.

⇨ Poderes mágicos

Exigimos demasiado a este club tan cerrado que es la pareja. Debe ampararnos del miedo al abandono que no nos ha dejado desde la infancia, preservarnos de la soledad y blindarnos de la agresión del mundo y de su hipercompetitividad. Además, debería paliar nuestras carencias afectivas y protegernos del ansia de vivir. En definitiva, cuidarnos y divertirnos, y, al mismo tiempo, dar la mejor imagen de nosotros mismos al exterior, ya que en nuestros días priman el rendimiento y la superación personal. Con una función tan compleja, no es sorprendente que algunas veces se tambalee. No en vano las consultas de los especialistas en terapia de la pareja están al completo.

⇨ De una norma a otra

Hoy en día, cada uno en la vida privada puede hacer lo que le plazca: casarse o no, vivir con un hombre, con una mujer o con los dos, divorciarse para querer a otra persona o vivir solo, compartir los niños con la ex pareja, sin que los vecinos se escandalicen y sin que la justicia se entrometa. Pero, bajo una apariencia permisiva, la sociedad destila continuamente mensajes de buena conducta que no solamente son contradictorios, sino que también dibujan una «norma» más que asfixiante.

Los descubrimientos científicos, o pseudocientíficos, las declaraciones de los psicólogos y la moda de los medios de comunicación conforman, desde hace unos treinta años, un modelo de pareja en constante evolución. Así, en el momento en que escribimos estas líneas, los jóvenes padres no están conminados a asistir al nacimiento de su bebé. En contrapartida deben ocuparse de su hijo en iguales condiciones que la madre. Con esta última deben ponerse siempre de acuerdo, por lo menos delante de los niños, con el riesgo de discutir, una vez en la cama, por culpa de un hámster o de un ciclomotor. ¡Y cuidado con la excesiva autoridad o con el excesivo laxismo!

La pareja moderna, además, debe compartir estrictamente las tareas que le incumben, es decir, las domésticas. Cada uno debe ganar su dinero, si no la mujer tarde o temprano queda atrapada. La simple mención de una «pareja fusionada» (a la que le gusta hacer todo conjuntamente) equivale a una condena. Él y ella han de tener sus propias actividades, han de ser au-tó-no-mos, pero, de vez en cuando, deben citarse para momentos de in-ti-mi-dad.

Para ser el compañero o compañera ideal debemos ser excelentes comunicadores, prevenir los conflictos, pensar en nosotros mismos respetando el deseo del otro y, por último, negarnos a considerar una función como específica de un sexo y, a la vez, afirmar nuestra identidad sexual. ¡No está mal!

Reconozcamos que la misión es imposible, y, sin embargo, constituye el ideal que nos gustaría alcanzar a casi todos. El problema es que, por el momento, no se conoce ninguna receta para conseguir este objetivo. ¿Cómo se puede plantear el problema del hámster durante la noche que se pasa en pareja, que tan beneficiosa se considera? ¿Cómo se puede liberar la libido entre los efluvios del pañal olvidado en el suelo al tiempo que se acuerda quién de los dos deberá levantarse para dar el primer biberón de la noche?

De la pasión al amor

«Se casaron y tuvieron muchos hijos»: así es como acaban las historias bonitas, pero se sabe perfectamente que las dificultades aparecen después. Sin embargo, la única educación que recibimos para el amor nos llega de estos cuentos de hadas que nos hacen creer que una vez que se ha encontrado al príncipe azul o la princesa, ya está todo hecho.

Al principio de una historia de amor todo es maravilloso, turbador, excitante. Pero el estado de enamoramiento, que se asemeja en muchos aspectos a un ataque de locura, sólo dura unos meses, dos años, afirman los especialistas más optimistas, aduciendo que es el tiempo biológico que se necesita para gestar a un niño y destetarlo. Durante esta etapa tan especial no se debería tomar ninguna decisión que comprometiera el futuro: matrimonio, bebé, compra de bienes en común, mudanza... Si atendemos a la razón, habría que esperar a que concluyera la tormenta amorosa, para ver cómo se sale de ella: unas veces destrozados sentimentalmente, y es entonces cuando se produce la tan frecuente ruptura dentro de los primeros años. Por fortuna, muchas veces emergemos de este estado de beatitud preparados para vivir un amor verdadero, una relación que deberá ser trabajada día a día, lejos de los espejismos del amor naciente.

«Cuando un hombre y una mujer están "enamorados" comparten la ilusión de vivir en el mismo mundo. Cuando se "aman" aceptan que viven en mundos diferentes, pero están dispuestos a franquear de vez en cuando el foso que los separa», escribió con acierto Thomas Szaz.

Pero a veces hace falta una segunda pareja para saber aprovechar esta oportunidad y entender que hay que esforzarse.

⇨ «Un arado vale dos riegos»

Esta sentencia vale tanto para el jardín como para la pareja. Al principio todo crece de maravilla, sin esfuerzo. Sólo hay que recoger. Luego, con el paso del tiempo, aparecen las malas hierbas y las zarzas, y entonces hay que arremangarse para cortar, arar, regar... A veces ocurre que se observa con amargura y envidia que la hierba del vecino está más verde, más tierna. De hecho, ¿cuidamos nuestro jardín? ¿Cuánto tiempo ha pasado desde que le hicimos el último regalo a nuestra pareja, sin contar fechas señaladas como cumpleaños o Navidad?

⇨ Pequeños arreglos con el matrimonio

Sentimos compasión por las personas a las que no se permite otra opción que aceptar un «matrimonio de compromiso». Y, sin embargo, muchas de ellas, con el tiempo, logran construir una familia y establecer vínculos de cariño, o incluso llegan a amarse. Dado que el divorcio no es una alternativa posible, se esfuerzan más para resolver los conflictos, para aceptar al otro, para ser ellas mismas más fáciles de aceptar. Esto nos lo confirma Juan, que lleva cincuenta años de casado, con gran sentido común: «Si te han condenado a cadena perpetua y te encierran con un compañero de celda que no has elegido tú, como ocurría en la época de mi juventud, cuando se nos imponían nuestras esposas, tienes que espabilarte para que la vida con el otro sea soportable».

No se trata de llegar al extremo de recuperar los matrimonios «por conveniencia» o de abolir de nuevo el divorcio, pero, sin duda, deberíamos anticiparnos mejor a las dificultades de la vida en pareja.

Juntos, ¿a qué precio?

Compartir los gastos generales, tener un compañero de piso... Cuando alguien «se asocia» a otra persona lo hace siempre con un objetivo concreto, para hacer algo que no podría hacer, o haría peor, solo. Ahora bien, hoy en día la decisión de vivir en pareja no es imprescindible para que cumplamos con nuestras necesidades, ni para ser personas «de bien», ni para tener hijos, si bien esto último continúa siendo la motivación principal.

Lo cierto es que elegir libremente vivir junto a otra persona obliga a renunciar a una cierta libertad. Amar a alguien, compartir un techo, obliga a unos compromisos y a respetar una serie de condiciones. Queremos tener tiempo para los niños, si es posible para cada uno de ellos por separado, para la pareja y, por último, para nosotros mismos. Son reivindicaciones que hacen sonreír a los solteros, que salen más, tienen más amigos, leen más y llenan los cines, hecho que les convierte en «piezas» muy deseadas. Porque, incluso sin tener hijos en común, por mucho que se cuide la independencia personal, se deben tener en cuenta las pautas de comportamiento conyugal: telefonear cuando se va a llegar tarde, adaptarse en mayor o menor medida a los horarios del otro, ducharse antes de acostarse, cerrar la revista de automóviles cuando la esposa habla de sus inquietudes, respetar la división, el arreglo y el orden del espacio, comer el domingo con la tía Estefanía..., por no hablar de renuncias más importantes de formación o de diversiones. Pero vivir en pareja significa también, y sobre todo, admitir que se ha elegido una pareja en la relación sexual, que excluye a todas las demás.

La tentación del libertinaje

En nombre de la famosa «realización personal» y del amor que se pretende para siempre, cada vez más parejas exploran pistas alternativas, haciendo malabarismos para acomodarse a esta doble premisa.

Desde mayo del 68, algunos, siguiendo la línea de Wilheim Reich y de Masters y Johnson, reivindican la liberación de los cuerpos, es decir, el amor libre. Esos años sirvieron para recuperar prácticas antiguas, pero ocultas, que de pronto volvieron a ser aceptables, como el sexo en grupo o la vida en grupo sin pareja fija. La ideología desapareció, y con ella la mayor parte de las comunidades de vida que preconizaban la abolición de las instituciones, empezando por el matrimonio. Hoy en día ocurre todo lo contrario: el individualismo prima y, a pesar de la posibilidad de establecerse como pareja de hecho, cada vez más parejas firman ante el alcalde. Y con ello surgen nuevas prácticas, también anticonformistas, pero compatibles con la adoración de la pareja. Por todas partes, los hombres y las mujeres murmuran que no se trata de impedir a su consorte que reprima sus impulsos afectivos o sexuales. Se conceden una cierta tolerancia y toleran otras compañías, más o menos discretas, en la vida de su cónyuge. Pero la tendencia más significativa de nuestra época es, desde mediados los años noventa, el aumento de los intercambios.

⇨ 2 + 2 = 4

Los partidarios de esta práctica la presentan como una alternativa al adulterio, un medio de superar el tedio de la vida en pareja, de reforzar los lazos, de evitar que los amantes tengan que esconderse en el armario y, en última instancia, de evitar el divorcio, lo cual no es poco. El sociólogo Daniel Welzer-Lang, que estudió esta forma de libertinaje en Francia a partir de 1994 desde la perspectiva de prevención del sida, estima que en este país entre 300.000 y 400.000 personas realizan prácticas liberales de forma habitual (el 1 % de las mujeres y el 4 % de los hombres, aproximadamente). Pero hay que contar el doble, si se añaden los ocasionales, que lo hacen una vez por curiosidad. Para este sociólogo, *intercambio* es una palabra comodín, que engloba tanto a hombres y mujeres solos, como a los amantes juerguistas y los consortes oficiales. La única constante es que estos intercambios implican, por lo menos, a una pareja. Esta animada tribu se cita en ciertos lugares propicios para los encuentros: clubs de baile, saunas mixtas, fiestas privadas, espacios exteriores (algunos bosques, playas o aparcamientos, que los aficionados conocen bien), pequeños anuncios o páginas web especializadas. Por otra parte, es más frecuente el «intercambio» de escenas de exhibicionismo-voyeurismo y de caricias colectivas que la «cesión» estricta de la propia pareja a cambio de la pareja del otro.

Según Daniel Welzer-Lang, en las «noches entre parejas» las clases media y alta son las más representadas, y dentro de ellas, destacan determinadas profesiones: informáticos, personal médico, comerciantes, profesionales liberales... A quienes puedan pensar que es una afición de viejos libertinos, les señala que, además de personas de más de 40 años, hay parejas (muy) jóvenes que frecuentan lugares que se han convertido en «referencia».

Otro motivo de sorpresa para el investigador: «Los más mayores están a favor de los valores de la familia. Estamos muy lejos de los aires de libertad de los años setenta. Ellos y ellas defienden con firmeza la idea de familia nuclear. La sexualidad libre —en pareja— para ellos y para ellas es un medio excelente de asumir conjuntamente la fidelidad y la conservación de un equilibrio erótico». Esto nos los confirma una agradable pareja, próxima a los sesenta años, entrevistada a la salida de un local de intercambio de parejas: «Cuando ves a todas esas parejas que se ponen los cuernos..., nosotros, por lo menos, lo hacemos los dos, no hay mentiras. ¡Llevamos treinta años casados!».

⇨ No es libertino quien quiere

Pero cuidado con el efecto «moda». Estos juegos no son siempre inocentes estimuladores de la sexualidad. Cada vez más parejas acuden a las consultas de los sexólogos trastornadas por estas experiencias. Como un policía, que había organizado una *party* con otra pareja y acabó apuntando con el arma de servicio a su mujer y «amante» en plena prestación, profiriendo un inesperado: «¡Ya sabía yo que me engañabas!». Tuvo que visitarse para saber qué mosca le había picado... Muchas mujeres acceden a participar en estas prácticas para dar satisfacción a sus compañeros o, simplemente, por miedo a quedar excluidas de sus fantasías eróticas. En realidad, son experiencias que, en lugar de enriquecer el imaginario, pueden perturbar el deseo. No todos estamos preparados para vivir lo que nos excita en el pensamiento. Todo depende de la complicidad de la pareja, de nuestra personalidad y de nuestra capacidad de comunicar impresiones, temores y deseos. Seamos prudentes. Frecuentar estos lugares no es tan anodino como pasar una velada en la bolera, aunque estén abiertos siete días a la semana y tengan un acceso fácil.

⇨ Saber jugar

¡Los sexólogos y los terapeutas de la pareja tienen un poco la culpa! Tanto decir que no hay que dejar que el aburrimiento y la rutina invadan nuestra vida sexual, tanto explicarnos que la relación sexual debe ser un juego con unas reglas continuamente renovadas, por evitar el peligro de acabar aburriéndonos como una ostra, que acabamos volviéndonos perversos. Intentamos vivir nuestras fantasías, que casi siempre implican a otras personas. Y es posible encontrar a estas personas en un instante.

Ahora bien, el libertinaje altera por definición los códigos sociales habituales, y esto es precisamente lo que atrae. A pesar de que los clubs de intercambios son civilizados y de que nadie insiste en caso de negativa, el miedo de perderse en una escalada de fantasías está ahí. Y más aún porque la frontera con un sadomasoquismo *light* se hace cada vez más estrecha y los lugares muy especializados se multiplican. Un buen ejemplo lo constituye un hotel de una ciudad francesa dedicado a los adeptos a la regresión infantil; las parejas, a las que ya se les pasó la edad de ir a la guardería, manipulan allí sus excrementos.

Todas estas pequeñas perversiones, incluidas las más regresivas entre adultos consentidores, pueden practicarse sin correr grandes riesgos psíquicos, con la única condición de que las dos personas implicadas tengan la capacidad de tomarse las cosas como un juego. Y esto no está al alcance de todo el mundo, como veremos también más adelante.

Lo esencial

La pareja, tal como la concebimos hoy en día, nace en la era industrial, a finales del siglo XIX. Cuanto más hostil es el mundo, más nos refugiamos en esta pequeña entidad social de la que esperamos que sea un remanso de paz.

Aunque aparentemente cada uno vive la sexualidad como quiere, la presión social impone un ideal conyugal de normas complejas.

Aferrados como estamos al mito de la pareja perfecta, nos cuesta admitir que una relación amorosa evoluciona con el tiempo. Los esfuerzos por cuidarla nos pesan.

Para evitar la infidelidad nos orientamos cada vez más hacia las prácticas libertinas en pareja, pero estas no son un remedio milagroso contra el adulterio.

Capítulo 3

Fiel, o casi

Admirar una silueta desconocida o hacer malabarismos con dos agendas..., ¿dónde empieza la infidelidad? En realidad, no lo sabemos hasta el día en que nuestra «libertad» golpea el corazón de nuestro compañero, o viceversa.

El tema nunca está zanjado

Cuando dos enamorados se susurran al oído que el otro es único, que él (ella) no tiene ojos para nadie más, que él (ella) jamás podría estar en brazos de otro (otra)... es un poco como cuando se declara alegremente que se va a empezar una dieta después de una buena comida. La promesa se mantiene mientras no se tiene hambre...

El tema de la fidelidad se aborda siempre demasiado pronto en una relación amorosa, en las primeras semanas de estado de gracia, cuando el resto del mundo es transparente, cuando las necesidades afectivas y sexuales están plenamente satisfechas. Colmados y felices, siempre es el más inquieto, o el más frágil, quien saca el tema, a veces sobre la almohada. Pregunta al otro para escuchar una respuesta tranquilizadora, sin asumir grandes riesgos: «¿Serías capaz de engañarme?». El otro cae de la nube. Es menos ansioso y todavía no había contemplado ni siquiera la posibilidad de sentir una atracción que le culpabilizara. Entonces no le duelen prendas para jurar por lo que más quiere que jamás se le pasará por la cabeza fijarse en otra persona. Y si se diera el caso, altamente improbable, de que surgiera un deseo, afirma, seguro de sí: «Entonces lo hablaríamos, no nos ocultaríamos nada, no seríamos tan mezquinos». Pero recordemos que estamos en los primeros meses de una historia de amor en plena construcción. Este «juramento de fidelidad» debe ser tomado como una declaración de amor y no como una promesa, y aún menos como un contrato.

El hecho de haber hablado de ello un día, superficialmente y con complicidad, da la impresión de haber dejado el tema resuelto. Se ha zanjado la cuestión y se ha quedado de acuerdo de una vez por todas.

Pero el peligro surgirá en función de cómo se presenten las circunstancias de la vida: «¿Verdad que no te importa que me vea con mi ex?», «¿Tú serías capaz, como tu jefe, de liarte con la mujer de un amigo?», «Sí, pero simplemente tontear no cuenta, ¿no?». Nada que haga tambalear los límites de lo que nos prohibimos o nos permitimos. A lo sumo, estas alusiones sirven para confirmar que la infidelidad no es un tema que genere fricciones y que la pareja se comunica bien, tal como nos recomiendan los especialistas.

¿Qué es engañar?

«Ahora entiendo perfectamente que ella se vaya a la montaña con un amigo, pero al principio de nuestra relación ¡lo hubiese tomado como una traición!», cuenta Felipe.

La infidelidad es un concepto muy subjetivo que cada uno entiende de forma distinta, según el momento y las circunstancias.

Ana comenta, no sin un cierto cinismo: «Actualmente estoy muy enamorada, soy muy fiel y muy celosa. Sé que cualquier tontería me pondría en guardia, que él conozca a una chica muy inteligente y la vea sin mí, para hablar, o que mencione más de dos veces a una nueva colega. Por lo que a mí respecta, no me atrae nadie. Pero yo lo he vivido antes que él: entre el momento en que no te interesan los demás hombres y el momento en que te encuentras en los brazos de otro, no pasa absolutamente nada, sólo un poco de tiempo. En este terreno no hay principios, sólo constataciones».

Todo intento de realizar un pacto de fidelidad para quitarse el problema de encima está condenado al fracaso. Hasta que uno no se encuentra ante una situación concreta, no se puede considerar como traidor, o traicionado, según el lado en el que esté.

Vicente y Cristina siempre habían creído estar en sintonía en este tema. Su filosofía era la siguiente: «No nos pertenecemos, y si uno de los dos tiene un lío, se lo cuenta al otro». Cuando la tentación se presentó ante Cristina en forma del padre del mejor amigo de sus hijos, se dieron luz verde, y no se volvió a hablar más del tema. Hasta el día que Cristina volvió tarde de una reunión del colegio, con las pupilas brillantes y las mejillas coloradas, sin intentar ni siquiera inventar un pretexto por su retraso. Vicente cuenta que sufrió lo indecible y que nunca ha superado el hecho de haberse dado cuenta de que, en el fondo, era terriblemente conformista.

«Esto no cuenta», dicen ellas

A partir de las confidencias de varios testimonios, se puede constatar que las mujeres tienen tantos líos como los hombres, pero no hacen el mismo balance, incluso cuando se les pregunta a una distancia respetable de su cónyuge. Para los hombres, que nunca han sido culpabilizados, es más, siempre se han vanagloriado de sus aventuras extramatrimoniales, todo cuenta, desde el manoseo hasta los mimos prodigados a la ligera. Las mujeres matizan más, sobre todo cuando son ellas quienes están implicadas. Para la mayor parte de mujeres, «engañar» es sinónimo de penetración. Los besos o las caricias, ni siquiera un *revival* con un ex, no deben considerarse relaciones sexuales. Esto explicaría por qué en las estadísticas sobre infidelidad los hombres puntúan más alto que las mujeres.

Así, una paciente que contaba de buena fe a su terapeuta un episodio de juegos bastante picantes con un compañero de trabajo, concluyó su relato con esta sorprendente declaración: «Me da miedo llegar a engañar a mi marido». Su concepto de fidelidad suscitó una cierta perplejidad, que se vio aumentada cuando la misma paciente le confió después: «No soporto que mi marido mire a otras mujeres».

➪ ¿Dónde se esconde Eros?

Para algunos la fidelidad empieza a partir de un intercambio de miradas un poco sostenidas o, en un peldaño superior, en un baile con proximidad corporal. Otros, en cambio, no ponen el contador en marcha hasta que no hay contacto sexual.

En realidad, una simple conversación sobre un tema de la esfera íntima genera frecuentemente una atmósfera de ambigüedad teñida de erotismo. Igual que las ocurrencias referidas a partes del cuerpo de cintura para abajo. Los más sensibles de nosotros interpretamos estas situaciones como un adulterio, o un preludio de este, por el mero hecho de que se comparte emoción erótica.

Cuando es el otro, siempre es más grave

Estos matices sutiles entre lo que sería leve o serio, perdonable o condenable, se viven de distinta manera según la posición que se ocupe en el triángulo. Lo que podría ser un juego más o menos malicioso por parte de uno de los miembros de la pareja siempre es percibido con más gravedad por quien se considera excluido. Las mujeres tienden a atribuir poderes de brujas a sus rivales en potencia. Les gusta imaginar que su hombre ha caído en una trampa de una diosa del amor. Incluso cuando lo único que han sorprendido es una broma entre amigos referida a una nueva comercial. Los hombres, en cambio, tienen una clara propensión a considerarse expoliados, desposeídos. Un simple momento de complicidad entre su mujer y otro hombre, para algunos, es ya un robo.

Nuestra infancia y sus grandes dolores sordos no andan nunca demasiado lejos. En estas situaciones de exclusión, revivimos dramas y nos invaden sentimientos que ya hemos conocido.

Cuando Julieta, la novia de parvulario, dejó a Paquito al empezar tercero, justo cuando apareció aquel insoportable de Álex, el tal Paquito experimentó un sentimiento de abandono, de traición. Se trataba de las mismas emociones que vivirá, tiempo después, si un día su esposa le engaña.

Todo depende de las circunstancias

Ariadna, ayudada por los efectos de una copa de vino, una noche de verano se hizo un lío mientras conversaba con su compañero y tuvo que acabar confesando que se había acostado con otro en su ausencia: «Su reacción relativamente tranquila me sorprendió. Más tarde me enteré de que, por aquella misma época, él había pasado la noche con una amiga. ¡Empate en el marcador! Esto desdramatizó completamente la situación», explica.

Unos años más tarde, la misma Ariadna, que ya era mamá, revisó su umbral de tolerancia. Atrapada en casa con un bebé exigente y descontenta con su propio cuerpo, pasó a no soportar que su marido hablara, ni siquiera hiciera una simple alusión, de sus compañeros de la sala de musculación. La misma sala en donde se habían conocido ellos dos y adonde ahora sólo él tenía tiempo de ir.

La vida nos ofrece numerosísimas situaciones de fragilidad: problemas en el trabajo, paro, enfermedad, luto, los hijos se independizan, las décadas van pasando..., y ello altera nuestra propia estima y convierte el más mínimo equívoco en herida profunda. Un correo electrónico de un compañero de promoción de su mujer, interceptado por casualidad, en el que Jorge leyó: «Mi cabeza en tu hombro», le hirió más porque imaginaba el hombro en cuestión, sólido y decidido. Más todavía cuando en aquella época en los suyos cargaba preocupaciones...

La vulnerabilidad del momento, la capacidad de hacerse querer y de querer dan forma a nuestras apreciaciones, a nuestras reacciones ante una situación de adulterio. Debemos tener el valor de admitir que nuestra concepción de la infidelidad depende de quién es el afectado. Ocurre lo mismo que con los niños; soportamos mejor a los nuestros que a los de los demás.

Esta constatación universal que nutre de argumentos a los humoristas: «¡Nosotros, es por necesidad; las mujeres, no es lo mismo!» tiene poca lógica, pero tiene su explicación.

Para entenderla debemos adentrarnos en el mundo de los celos.

Lo esencial

En la pareja se habla demasiado pronto de la infidelidad, cuando no es un tema de actualidad, porque cuando se está enamorado (todavía) no se ve a los demás. Uno no sabe cuál es su grado de tolerancia hasta que no se encuentra en la situación de que su cónyuge se lía con otra persona.

Pequeñas infidelidades en la pareja

Para las mujeres, engañar es acostarse. En cambio, para los hombres cuenta todo, desde el flirteo hasta que su mujer mire a otro hombre.

Cuando es el otro quien tiene una historia fuera de la pareja se considera siempre peor que cuando es uno mismo, pero, además, hay una serie de circunstancias más o menos agravantes.

Capítulo 4

¿Yo, celoso?

Se nace un poco celoso y luego se acaba siéndolo más o menos, según lo que depara la vida y la persona a la que se ama.

Carlota consultaba aquel día la agenda de teléfonos del móvil de su marido, para pasar el rato. Hacía desfilar por la pantallita los números grabados, debajo de los cuales salían los nombres. De pronto se detuvo, sorprendida por un nombre que no conocía. Inquieta, preguntó a su marido: «¿Quién es esta tal Margarita?». Divertido por el tono irritado y el carácter manifiestamente celoso de su mujer, el marido se puso a reír. Margarita era su madrina de bautizo, que cumplía los 83 ese año y era religiosa desde hacía más de sesenta años. «A ella le sorprendería saber que la imaginas con un amante. ¡Quién sabe, quizá se sentiría orgullosa!», soltó divertido. Avergonzada,

Carlota devolvió el teléfono a su marido. Pero no tiene ninguna gracia, porque cualquier de nosotros podría pasar por esta situación.

Una desconfianza instintiva

Ninguna relación humana está exenta de celos. Este sentimiento quizás ha contribuido a la supervivencia de nuestra especie, si atendemos a lo que sostienen algunos investigadores. Según ellos, los celos tuvieron una doble función para el hombre prehistórico: establecer alianzas con sus semejantes, pero desconfiando de ellos. La explicación sería la siguiente: en la época en que los hombres cazaban mamuts, no tenían otra opción que aunar sus fuerzas para batir a estos animales mucho más fuertes que ellos. Pero, al regresar al poblado, los cazadores aliados pasaban a disputarse las hembras.

Esta desconfianza instintiva hacia los demás sería el germen de los celos por amor. Sin embargo, los celos no se ejercen exclusivamente en el terreno afectivo. En la vida en muchas ocasiones necesitamos agruparnos, pero, a la vez, hay que saber darse a conocer solo. Un ejemplo es lo que ocurre en los deportes de equipo, en los que surge una relación de competencia entre sus miembros: ¿quién será titular?, ¿quién se quedará en el banquillo? Y lo mismo ocurre en el mundo de la empresa: es conveniente trabajar en equipo, pero cada uno intenta sacar el mejor partido personal, aunque a veces ello implique pegar una puñalada por la espalda a un colega...

⇨ Las mujeres son más estrategas

Todo parece indicar que las mujeres no iban a la caza del mamut, lo cual podría explicar por qué ellas debían ser más bien celosas circunstanciales. No es su estilo recurrir a la ciencia para que les saque de dudas llevando a analizar pelos púbicos encontrados en el baño, como hacen a veces algunos hombres. Mientras estos últimos tienden a ver a otro «macho» por todas partes —«¿Por qué te pones ese escote para ir al trabajo?»—, ellas utilizan otra táctica: cuidan su aspecto para ser deseables, esperando simple y llanamente eclipsar a sus competidoras. Los maridos han captado el mensaje y les siguen la corriente cuando quieren que les dejen en paz. Si creemos lo que dicen, jamás de los jamases se fijan en otras mujeres. ¿La morenaza? Él ni tan siquiera la había visto. ¿La rubia? ¿Qué rubia? Sólo cuando han constatado que su hombre ha sucumbido a los encantos de otra, las mujeres manifiestan realmente sus celos, entonces de forma espectacular.

Laura cuenta que puso cinta adhesiva en la puerta del acompañante del coche de su marido cuando descubrió que este tenía una aventura: «Para saber si todavía acompañaba a aquella guarra», se justifica. La reacción de Elizabeth roza lo patológico: después de haber descubierto que su esposo tenía una amante en Marne, departamento 51, desarrolló una verdadera fobia por esta cifra. Todos conocemos celosas incorregibles, sin móvil aparente, y hombres confiados por naturaleza que desmienten esta constatación general. Y es que entre la era del mamut y nosotros, la especie ha evolucionado poco. No todos llegamos a la edad adulta con las mismas armas, ni las mismas heridas.

Las raíces de los celos

Sería falso afirmar que los celos son una prueba de amor. Sin embargo, estos dos sentimientos están estrechamente relacionados: se trata de dos manifestaciones perfectamente irracionales que nacen en la misma cama, en este caso una cuna.

Para casi todos nosotros, nuestra madre o nuestro padre fueron el primer objeto de amor. Amor posesivo como ningún otro. Cuando se es pequeño se ama al otro como una parte de uno mismo. El bebé es incapaz de percibir a la persona que se ocupa de él como un individuo autónomo. La considera una prolongación de sí mismo. Cuando crece debe constatar, no sin dolor, que su madre, o su padre, es otra persona o, peor aún, que ama al otro. Y deberá decidirse a aceptar la presencia de un tercero con quien compartir este amor.

Cuando se es pequeño, los celos son muy fuertes, rozan el odio. Y el amor es pasión. Estas primeras y dolorosas interacciones son las que estructuran la personalidad, con la condición, naturalmente, de que los padres tengan un comportamiento tranquilizador, se muestren disponibles y atentos, y demuestren que se quieren y quieren a su hijo.

⇨ Las primeras experiencias

Nuestras primeras experiencias sociales, primero en la guardería, luego en el colegio, nos hacen revivir estos dos sentimientos apasionados. La adolescencia y las primeras relaciones amorosas acaban de definir el escenario. Recordemos que en aquella época los amores eran extraordinariamente posesivos, y los celos, salvajes. No nos convertimos en adultos hasta después de haber franqueado estas etapas. Y no todo el mundo completa el recorrido con la misma alegría. La vida a veces nos hace tropezar.

➪ Obstáculos en el camino

Algunos tienen una infancia más difícil, marcada por la falta de un «objeto de amor» sólido. Con frecuencia es a consecuencia de la muerte, el abandono o la enfermedad de uno de los progenitores. Hoy en día existe una gran preocupación por las repercusiones psicoafectivas de ciertos acontecimientos. Las separaciones largas, las hospitalizaciones o la llegada de un hermanito se preparan y se explican mejor. ¿Quién recurriría ahora a la excusa de «un viaje» para ocultar una muerte? Los niños y el entorno se esfuerzan por evitar a los niños zonas de sombra, temas de los que no se habla, que provocan un sentimiento de inseguridad.

Los accidentes de la vida son imprevisibles, al igual que las huellas que pueden dejar en las personas. Un niño, a pesar de ser amado, se puede sentir «abandonado» en caso de separación conflictiva, porque va, como si fuese un balón, de un hogar a otro, o bien su padre tira la toalla y deja de verlo (esto ocurre en un caso de cada cuatro, cuando la madre es la que tiene la custodia del niño).

⇨ La edad adulta

Cada uno llega a la edad adulta con sus pequeños y grandes traumatismos, y su capacidad de desarrollar mecanismos de defensa adecuados. Se sabe que una persona castigada por una infancia marcada por las rupturas afectivas tiene todos los números para vivir instalada en el miedo de perder a sus seres queridos. No obstante, esto no le impedirá ser feliz en pareja, pero no con cualquier pareja.

Ser celoso es experimentar una regresión a un estadio infantil de la relación afectiva. La duda surge cuando no consideramos a nuestra pareja como un individuo diferente, sino como una parte de nosotros mismos, igual que hace el bebé con su madre. Además, proyectamos en ella representaciones psíquicas que nos son propias. Simplificando, si tememos que el otro nos engañe es porque tenemos conciencia de que hay otros «objetos de amor» a su alcance. Esto explica por qué algunas personas muy celosas son también muy infieles.

¡Ay, cómo duele!

Es difícil imaginar una educación que nos preparara poco a poco para ser engañados. Siempre se siente un dolor intenso, que genera agresividad. Y esta rabia puede llegar hasta la fantasía del asesinato. Al sentirnos traicionados, humillados, desesperados, el estado en el que nos quedamos después de tener conocimiento de la infidelidad de nuestro cónyuge depende de nuestra manera de amar. «Dime cómo amas y te diré quién tiene que desconfiar».

⇨ Depende de mí

El adulterio se experimenta como una traición cuando no se soporta que el otro tenga un deseo diferente del de uno mismo. Entonces se desarrollan sentimientos de odio contra este cónyuge traidor.

⇨ Él me valora

A veces tenemos con nuestra pareja una relación de tipo narcisista. Su presencia nos hace existir; sin ella, no podemos hacerlo. Entonces la revelación del adulterio genera sentimientos de abandono muy dolorosos, que hacen perder las ganas de vivir. Y la víctima se vuelve contra ella misma.

⇨ Es mi conquista

Por último, podemos concebir a nuestra mujer o nuestro marido como un trofeo. En este caso, predomina la humillación y es el rival quien paga nuestra ira pasional. Las reacciones serán más violentas en la medida en que la relación se inscriba en una de estas categorías en las que el cónyuge es percibido, en mayor o menor medida, como un objeto. Si, por el contrario, hacemos el esfuerzo de ver a nuestro compañero como a un sujeto, un ser que tiene sus propios deseos, nos será más fácil razonar como adultos y controlar nuestras conductas. De todos modos, hay quien no llega a perdonar jamás. Normalmente, son personas marcadas por experiencias pasadas, de traición o abandono, que aún se resienten de ello. Razonan desde sus heridas antiguas. Sin embargo, cualquiera, aunque esté considerado una persona sólida psicológicamente, puede tener reacciones violentas cuando se sabe engañado. Basta para ello con que la «traición» surja en el momento en que uno se siente especialmente vulnerable, cuando se tienen problemas en el trabajo, por ejemplo.

El adulterio provoca sufrimiento y a menudo reabre viejas heridas de la infancia. Si un incidente nos propulsa al campo de los muy celosos y nos lleva a cometer actos de los que no estamos precisamente orgullosos, quizá pueda ser útil llamar a la puerta de un psicólogo.

Celoso y avergonzado

«No olvidaré nunca la cara de enfado de mi madre, ni su comentario, "¡Deja de poner cara de estúpida!", el día que intenté imitar la mueca que hacía mi hermanita después de mamar, para ser tan mona como ella», recuerda Isabel, treinta años más tarde. Según su madre, la versión oficial era que «los niños no tenían celos» y que «Isabel adoraba a su hermana pequeña». Pero ella cuenta las ganas que tuvo, más de una vez, de tirar por la ventana a aquel bicho que monopolizaba la atención. Una vez adultos, cuando revivimos los sentimientos de rivalidad, este temor de no ser el preferido, dentro de nosotros algo nos susurra que nos falta nobleza, que incluso podríamos decepcionar. Así, no podemos decir que sea muy bonito hojear la agenda o revisar los bolsillos de la persona querida. Y, además, esto no se aviene con la idea que tenemos de nosotros mismos: somos independientes, no posesivos, respetuosos con el otro. Hasta el punto que de tanto jugar al escondite con este maldito pequeño defecto, a veces se roza la indiferencia. Luisa cuenta que descubrió demasiado tarde que su marido, que jamás había hecho ni un comentario cuando ella realizaba un viaje de negocios con un ejército de colegas o salía con sus amigos de toda la vida, era un celoso que se mordía la lengua: «Finalmente comprendí que su indiferencia, al límite del desprecio, de hecho era una manera de no sufrir. Casi se había convencido de que yo no era deseable. Pero hizo falta una terapia de pareja para que yo descifrara el mensaje». Por este mismo afán de no desvelar una parte tan arcaica de nosotros mismos, algunos se centran en los detalles, invocando el momento o a la persona elegidos para justificar su herida: «Con cualquier otro, lo habría entendido, pero no con una mujer de mi trabajo, ¡es el colmo!», «En otro momento se lo habría perdonado, pero ¡precisamente ahora que acabamos de mudarnos...!». Y es que es tan difícil mostrarse celoso sin tapujos...

¿El intercambio de parejas es una vacuna?

A priori, se podría creer que quienes frecuentan los clubs para parejas liberales de algún modo están inmunizados contra los celos. Una vez has visto a tu pareja en los brazos de otro, ¿qué más puedes temer? Sin embargo, las parejas más curtidas en estas prácticas cuentan momentos peliagudos, a partir de escenas habituales en estos lugares, como susurrar al oído de un desconocido o, simplemente, reír con él en un momento de descanso. Puesto que esta forma de divertirse en pareja es un juego simbólico alrededor de la idea del engaño, hay que reconocer que, en algunas ocasiones, se es mal jugador. Las escenitas entre cónyuges no son raras en estos locales, porque servir al cónyuge de trampolín para que este acceda a otros compañeros requiere estar «en gran forma». Algún día un poco difícil, de aquellos en que no se está de humor y que, por el contrario, el cómplice actúa con total desenfreno, se necesita un esfuerzo sobrehumano para enfrentarse a la competencia. No sin ironía, una libertina ocasional aconsejaba hacer su «balance de debilidad narcisista» antes de lanzarse. Si se está obsesionado por tres kilos de más, es preferible ir al cine que a un club de intercambios. Para las personas con el ego especialmente frágil, es totalmente desaconsejable tentar al diablo. El sexo liberal es todo menos un remedio contra los celos.

Los estados patológicos

⇨ Los celos delirantes

Ya no nos encontramos en el terreno del «muy celoso», aquel a quien es preferible no engañar porque no soportaría infidelidad alguna. Los celos patológicos o delirantes provocan la interpretación de los más mínimos hechos y gestos de la persona «amada» (si es que este término todavía tiene sentido) en el sentido de la infidelidad. El discurso pretende ser siempre lógico, a partir de un postulado falso: «¡Sé que no tienes cursillo el jueves por la mañana, lo que ocurre es que te acuestas con tu secretaria!». Entre un «enfermo de celos» y un celoso verdaderamente patológico, la diferencia es significativa: ya no se trata de sospecha, sino de la certeza de ser engañado, con el apoyo de verdaderas «pruebas», ya que se trata de un delirio.

Nos encontramos ante una verdadera enfermedad mental, que a veces conduce al homicidio; por ello es prudente convencer al enfermo para que consulte con un psiquiatra. Ciertamente, el cónyuge no es la persona más indicada para abordar el tema, porque su acción podría ser interpretada como una maniobra de distracción para dejar vía libre al supuesto amante (este suele ser el primer objetivo en caso de que aparezcan ideas homicidas). Así pues, esta delicada tarea debe dejarse en manos de una persona próxima, que puede adoptar la táctica de la compasión: «Con todo lo que estás pasando en este momento, debes estar sufriendo tanto, deberías buscar una ayuda». Es más práctico que intentar desesperadamente que el otro entre en razón.

⇨ Los seductores imposibles

Pero para tener celos se necesitan dos personas. Y en este terreno ciertos individuos son especialmente habilidosos a la hora de volver loca a su pareja, a la que confrontan permanentemente con otros candidatos. Tenemos que saber reconocerlos para protegernos de ellos, ya que, embrollado en según qué relaciones, es inevitable ser celoso. Todos nos hemos cruzado con alguno de esos donjuanes, falsamente inocentes, que nos miran intensamente a los ojos, sobre todo cuando se es una mujer, suspirando que Silvia, su compañera, es una tigresa. Pero la anterior, también, y la siguiente, seguramente también. Pongámonos en el lugar de estas desgraciadas: su marido alimenta a un ejército de confidentes con quienes mantiene unas relaciones ambiguas, que hunden a sus parejas en la angustia de ser engañadas. Otro caso sería el de aquella mujer encantadora que seduce a diestro y siniestro, tanto a hombre como a mujeres, niños e incluso gatos, desplegando un arte consumado en la sonrisa cautivadora, en la caricia en la dirección del pelo, en la falsa confidencia... Estas personas se limitan a seducir o bien pasan a culminar su trabajo. Sea como fuere, van tirando el anzuelo incesantemente. Pero el punto en común entre las dos tipologías es hacer muy incómoda la situación de aquel, o aquella, que se supone que es el compañero de su vida.

➪ Los perversos que hacen sufrir

Existe otra categoría de personas, bastante perversas, con quienes es difícil mantener el humor. Quienes les aman corren el peligro de acabar enfermos a su lado porque son hábiles manipuladores. No porque sean especialmente infieles, sino simplemente porque disfrutan atormentando a sus parejas. Se las ingenian para dejarse ver un mensaje en el móvil equívoco o unas palabras de cariño. Una vez descubiertos, se burlan de las «paranoias» del cónyuge, anunciándole que el mensaje es de la sobrinita. Y encima es verdad. Pero ya han conseguido su propósito: el otro ha sufrido y luego ha sido humillado.

Lo esencial

- No hay relación humana sin celos. Estos son una reacción instintiva ligada a la supervivencia. Los hombres son desconfiados por naturaleza y las mujeres, al parecer, son celosas una vez consumados los hechos.

- El adulto celoso se fragua en las primeras experiencias afectivas del individuo, y posteriormente en la adolescencia. Cuanto más se considera al otro como un «objeto», más exclusivo se es en la relación.

- Los celos son un sentimiento natural, pero del que nos avergonzamos porque es muy atávico.

- Las parejas liberales también sufren ataques de celos. Los intercambios pueden reforzar un sentimiento de inseguridad en el seno de la pareja.

- Los celos patológicos existen. Y deben tomarse muy en serio, ya que pueden suscitar ideas homicidas. En este caso, el «enfermo» no tiene simples «sospechas», sino la certeza de ser engañado.

- Hay personas especialistas en volver a sus parejas terriblemente celosas.

Capítulo 5

¿Qué es lo que se busca en otro?

¿Por qué a veces escuchamos nuestras pulsiones seductoras? Menos por los «defectos» de nuestra pareja que por la atracción de la novedad, de lo desconocido, de saltarse las normas... En realidad, es una combinación de motivos bastante ajenos a los méritos reales de aquel, o aquella, que nos ha robado el corazón.

Reencontrar el ardor de los inicios

Si, según la consabida fórmula, «Uno se enamora cuando se encuentra con lo desconocido y lo domestica», entonces, ¿cómo acaba esta bella historia una vez el otro ha sido «domesticado»? Algunos no llegan a aceptar nunca del todo que ya no se les acelere el corazón cuando suena el teléfono, que ya no estén febriles ante la perspectiva de una cita, que no desfallezcan cuando oyen la puerta del ascensor. El nudo en el estómago, las manos húmedas y el calor en las mejillas sólo duran un tiempo. «¡Afortunadamente!», exclamamos una amplia mayoría de nosotros. Esta excitación de los primeros tiempos del amor, que impide trabajar, comer, dormir, e inhibe todos los deseos que excluyan al otro, no está exenta de dolor. Hay quienes consideran que es un periodo incómodo y se sienten más a gusto cuando la relación está ya consolidada. Se sienten más seguros, más ligados al otro que obsesionados por él. En lugar del plato condimentado y picante que hace saltar alguna lágrima, prefieren la sopa de verduras cocinada con amor. Lo que es aplicable a la comida, también lo es para la vida sexual. Desde el punto de vista clínico, estas personalidades, más preocupadas por el «ser» que por el «hacer», tienen un perfil psicológico equilibrado y no sienten la necesidad de aturdirse con sensaciones fuertes. Y cuando se comparte esta misma visión de la vida en pareja, el pronóstico de fidelidad es bastante optimista. Ocurre justo lo contrario con los «adictos» al amor naciente, para quienes el flechazo es como una droga. La sopa de verduras les parece insulsa. Quieren esperar, confiar, espiar, vibrar, arrebatarse, sucumbir, perderse, reencontrarse. La incertidumbre les motiva y hasta el sufrimiento que comporta este estado de enamoramiento les resulta una delicia. En el propio entusiasmo confunden atracción sexual y sentimiento de amor. Un día u otro, cuando la pasión en casa se debilita, recargan las pilas en otros brazos, en donde, es de suponer, encontrarán la felicidad sólo durante un tiempo. Una mala respuesta a una buena pregunta sobre su pareja, a fin de cuentas.

• **¿Es inevitable?** No es malo saber conservar los signos del estado de enamoramiento repasando la película de las primeras épocas de la relación. Acordémonos, era el tiempo en que el otro todavía no era nuestro, en que estábamos de pleno en las maniobras de seducción. A pesar de que no sintamos que el matrimonio está en peligro, esta mirada al pasado puede resultar una buena higiene para la vida en pareja. Da igual si debemos esforzarnos un poco para imitar una actitud que entonces era totalmente espontánea.

⇨ Interesarse por el otro

Cuando encontramos el amor, ese hombre, o esa mujer, proyectado en nuestra vida nos interesa.

¿Qué hace? ¿Qué le gusta? Lo que cuenta es apasionante, lo devoramos con los ojos para descubrir el milagro. Pero ¿qué queda de este interés pasado un tiempo? «No te fijas en mí» y «No me escuchas» son, sin duda, los dos reproches más frecuentes que formulan las mujeres. Por su parte, el hombre siente que su compañera ha perdido el deseo que al principio tan bien sabía anticipar. Una mezcla de coquetería y de maternalismo que da a las mujeres enamoradas el genio de ponerse en el lugar del otro, de encontrar soluciones a los problemas cotidianos, de preparar sorpresas en el momento adecuado. Con el paso de tiempo, cada uno vuelve a sus asuntos.

⇨ Conservar la elegancia

El amor naciente es, por fuerza, febril, indisociable de la cita. Uno se prepara para ella, inspeccionándose de los pies a la cabeza. El mal humor y el mal aliento no tienen cabida. Esta forma de consideración debería perdurar, incluso cuando se vive bajo la mirada permanente de aquel que se ha convertido en la media naranja. Por mala coincidencia, compartimos con él esencialmente los momentos en los que tenemos más ganas de dejarnos ir: cuando nos relajamos en casa. Sin sacrificarlo todo a favor de las apariencias, podemos imponernos unas normas simples. Por ejemplo, meterse en la cama con la pareja merece el esfuerzo de no comportarse en este terreno simbólico como un perro que entra en su caseta.

Para lograr este prodigio de ser siempre «elegante» con el otro, incluida la manera de dirigirse a él, hay que programarse unas pausas, unos momentos de liberación, una especie de veladas en pijama, como hacen los niños. Los viejos amigos, los fines de semana de soltero en casa o las actividades personales ofrecen ocasiones para vestir de cualquier forma, librarse a unas actividades y unas costumbres que el otro detesta e, incluso, criticarlo a placer. ¿Por qué privarse de ello?

➪ Acordarse de que el otro es especial

Los cumplidos son un bálsamo para el ego. Narciso nos empuja hacia otros brazos sólo por la satisfacción de ser considerados nuevamente seres especiales. La vida en pareja tiende a banalizar nuestras cualidades. Después de la admiración suscitada por la primera tarta Tatin o por la primera vez que se consigue arrancar providencialmente el coche, los talentos específicos de cada uno se hacen evidentes, o pierden toda la importancia cuando la pareja está acomodada. Ahora bien, habría que saber maravillarse de todo lo que el otro tiene de excepcional y arreglárselas para hacérselo saber.

Sexo, sexo y más sexo

⇨ Cuando la rutina nos ahoga

No hay dos parejas de seres humanos que hagan el amor de la misma manera. Sin embargo, después de haber dedicado semanas o meses a componer su partitura sensual, cada una de ellas tiende a repetirse, hasta el infinito. ¿Durante cuánto tiempo exactamente se aprovecha ese momento comprendido entre los primeros tanteos de una relación en la que el entusiasmo compensa la impericia y la rutina de las figuras obligatorias pero monótonas? Posiciones, caricias, juegos... Una vez mostrados sus repertorios, y sin ni tan sólo haberlo convenido, los amantes se ponen de acuerdo tácitamente en una especie de programa común. En el fondo saben lo que «funciona» en todos los casos, incluido el preludio, cien veces repetido. El modo de desnudarse o de invitar al otro en la cama funciona con unos códigos implícitos. Pero hasta la coreografía más deslumbrante, vista una y mil veces, acaba por cansar. Como también acaban cansando las tiernas pausas casi en secreto en una agenda saturada de actividades «prioritarias»: profesionales, sociales, familiares y otras. La eficacia se impone a la novedad.

• **¿Es inevitable?** Es vital saber darse tiempo para explorar otras vías con el propósito de mantener la inventiva y la creatividad en la pareja. No se nos ocurriría escondernos siempre en el mismo sitio jugando al escondite, ni ver siempre la misma película. Y, además, cuando se trata de un encuentro clandestino, siempre se encuentra el tiempo, y el ingenio, para ir a la conquista de este nuevo Eldorado. Entonces, ¿por qué no esforzarse igual para hacer vibrar el lecho conyugal (o en un pajar, si se presenta la ocasión)?

⇨ Cuando el deseo se evapora

Las parejas que hacen el amor una vez por semana (lo cual parece ser una media nacional), de forma un poco rutinaria y, convencionalmente, el sábado por la noche, tienen bastante suerte. Los consultorios médicos están a rebosar de personas que se aman, pero que ya no tienen vida sexual, y los moteles, de amantes fogosos unidos sólo por el erotismo. Somos más o menos sensuales, con una libido oscilante, pero cuando hemos conocido la fuerza del deseo que arde en nuestras entrañas, cuando el sexo ha sido importante, por lo menos en un momento de nuestra vida, es difícil conformarse con ser aquel, o aquella, que «ya no tiene ganas» porque su sexualidad está dormida. Si entonces, sumidos en este marasmo conyugal, surge un hombre o una mujer sin apriorismos, que insufla una brisa de erotismo, el animal despierta: «Mi marido se lamentaba de mi frigidez, pero luego estaba con mi amante y este loaba mi apetito sexual. Todo ello a veces el mismo día. Es inquietante esta impresión de no ser la misma persona», recuerda Beatriz. Y, al contrario, el miembro de la pareja que conserva el deseo, pero choca con la resistencia del otro, un buen día se decide a comprobar si todavía gusta y asegurarse de que no le falla nada. Por eso Pedro regresaba cada vez más tarde de casa de sus amantes, con el temor de volver a encontrar el lecho conyugal glacial, en donde Rosita dormía acurrucada. Herida por estos retrasos, que tomaba como una provocación manifiesta, ella se mostraba aún más evasiva, lo cual alimentaba el deseo de huida de Pedro. Y así sucesivamente.

• **¿Es inevitable?** Si se quiere a la persona con quien se comparte la vida, quizá ha llegado la hora de consultar con un terapeuta. Porque deleitarse en la cama de otro cuando la pareja se tambalea impide enfrentarse a los problemas, hasta el punto de que no hay vuelta atrás. Generalmente, se impone una terapia comportamental de la pareja. En ella se puede proponer, por ejemplo, la prohibición de tener relaciones sexuales durante un cierto tiempo. Aliviados del problema que nos corroe, pensaremos en otra cosa y haremos renacer la seducción, los juegos, las caricias. De este modo, el miembro de la pareja que tiene la libido apagada dejará de sentirse culpable. Y, poco a poco, la maquinaria se pondrá en marcha. En ocasiones, la intervención del médico permite descubrir que el deseo está allí, en ambos lados, pero mal sincronizado. Los miembros de la pareja no tienen ganas de hacer el amor en el mismo momento, esto es muy común. Ni con la misma frecuencia uno que otro. Y los dos, combinados, dan pie a que el que tiene ganas con más frecuencia dé la impresión de acosar sexualmente al otro. Pero ¿qué ocurre en realidad? Uno expresa su deseo, insatisfecho, una y otra vez, teniendo la sensación de que su pareja no responde nunca, o muy poco, y después de muchas solicitaciones. Su insistencia acaba por ahogar el deseo del otro, que ve cómo se le reprocha injustamente su frialdad. ¿Y si escucháramos con más atención a nuestra pareja?

⇨ El vértigo del rendimiento sexual

Cuando todavía se tiene poca experiencia sexual, pero un gran conocimiento de las películas porno o se han oído relatos un poco subidos de tono en el vestuario, es muy fácil sentirse una nulidad. En este terreno, las comparaciones hacen estragos. Las mujeres, al parecer, tienen unas expectativas carnales cada vez más concretas. Las erecciones consecutivas, los orgasmos femeninos explosivos y los multiorgasmos, el misterioso punto G y la prometedora doble penetración han sobrepasado el dominio de la pornografía y han pasado a formar parte del lenguaje corriente. Hace falta una cierta madurez para reconocer cuánto hay de cine, de fanfarronada y de fantasioso en todo lo que concierne al sexo. Mientras tanto, los relatos radiofónicos, una prensa determinada, los amigos e, incluso, las películas —todos ellos públicos— nos inducen a pensar que los demás poseen una intensidad erótica superior a la nuestra. Alentados por la narración de aventuras más alocadas que las que conocemos en primera persona, no dudamos tanto como años atrás en confesar nuestras fantasías sexuales a nuestro compañero habitual de juegos. Este se resiste un poco por las formas, pero luego consiente, a veces de mala gana, a entrar en algunos juegos para no quedarse al margen. Como las fantasías también se gastan, el marido, o la esposa, un día de crisis acaba por preguntarse: «¿Y si no fuera la pareja idónea?». En este estadio, o en el anterior, nos acecha la tentación de poner nuestras fantasías eróticas más secretas en manos de un tercero totalmente anónimo, con quien jugaremos a ser otra persona, sin temor de hacer el ridículo o, peor aún, de ser tomados por locos o por viciosos.

• **¿Es inevitable?** No, si hacemos caso de los expertos en temática amorosa que afirman que una vez se ha amado físicamente a una decena de personas en la vida, ya se ha visto lo más importante de la sexualidad. El resto no son más que variaciones sobre el mismo tema. Es ingenuo esperar todavía la revelación de uno mismo. De ahí la importancia de tener un poco de experiencia antes de comprometerse a vivir en pareja o de saber contar hasta diez, con paciencia y abnegación. Y también de alegrarse en lugar de escandalizarse cuando se observan los vagabundeos amorosos de nuestros hijos adolescentes.

➪ ¿Y si fuera mejor con otro?

Considerar que se tiene un problema sexual, eyaculación precoz o ausencia de orgasmo, por ejemplo, puede ser una excusa para probar qué pasa con otros, con el pretexto de salir de dudas. Esto es peligroso, ya sea porque efectivamente va mejor, lo cual es posible pero no soluciona el problema con la pareja, ya sea porque todo transcurre igual y se acaba la aventura avergonzado y humillado.

• **¿Es inevitable?** Ninguna disfunción sexual se soluciona cambiando de pareja. Si es causa de sufrimiento, complejos o angustia, debe ser tratada en el marco de la pareja. Este tipo de trastornos se curan eficazmente consultando a un sexólogo, que propondrá una terapia después de haber descartado la existencia de problemas orgánicos.

Delirio de juventud

La historia de un hombre de 40 o 50 años que pierde la cabeza por una jovencita es un tópico. Y, sin embargo, es una cantinela conocida y bastante aceptada en todas las épocas. Si esta atracción se explicara por la necesidad de reproducción de la especie, que empuja al hombre maduro a deslumbrarse por un cuerpo todavía fecundo, entonces ¿por qué las mujeres ceden cada vez más a menudo a los encantos de la juventud? No esperemos la menor comprensión por parte del médico por estas relaciones calificables de incestuosas, dominadas, la mayor parte de las veces, por la inmadurez y la negación del paso de los años. Es escandaloso cuando un hombre se nutre en el vivero de las amigas de su hija, aunque ambos se sientan halagados por ello. Para estos paranoicos de la edad, ser amado por alguien de 25 años representa volver a tener 25 años. Y, por si esto fuera poco, el esposo o la esposa de toda la vida, la madre o el padre de sus hijos, reflejan una imagen envejecida que recuerda, día tras día, el paso de los años. Es evidente que, desde la perspectiva de quien desea «alegrar» un poco su vida, el soltero o la soltera independientes, sin niños y rebosantes de salud están mejor situados que el esposo o la esposa que nos recuerdan los problemas que tenemos con los adolescentes, con los padres ancianos, con el trabajo, el dolor de espalda...

- **¿Es inevitable?** No todo el mundo sufre del delirio de juventud, pero siempre se puede sacar algo positivo de la competencia que potencialmente representan los jóvenes: sus ganas de vivir. Eso sí, dejando para ellos su frecuente narcisismo. Si nuestra media naranja se encapricha de un tercero de tierna edad, hay que mantener la condición de adulto, el único que va a haber en la pareja a partir de ese momento. En lugar de mortificarnos, debemos considerar que nuestro cónyuge se ha extraviado, que es víctima de la sinrazón. Olvidémonos del papel de rival. ¿Qué haríamos si se enganchara con el juego? ¿No es verdad que intentaríamos hacerle razonar? Entonces, ¿él nos engaña con una cría?, ¿ella se lo hace con un jovenzuelo? Estemos a su lado y no en su contra, ayudémosle a ordenar sus ideas, si tenemos la fuerza para hacerlo. Y recordémosle sin amargura que le amamos.

Huir de la paternidad

No descubrimos nada si mencionamos la fragilidad del periodo que rodea el nacimiento del primer bebé. Se suele pensar que los hombres huyen cobardemente de sus nuevas responsabilidades para refugiarse en los brazos de otra, en donde serán los únicos reyes. Esto ocurre algunas veces. También se da el caso de jóvenes madres que, después de la maternidad, quieren comprobar fuera de casa si todavía son mujeres apetecibles. Para el joven padre y la joven madre es una manera de continuar, fuera de casa, un diálogo interrumpido. Porque la construcción de una familia es un desbarajuste que se vive solo. ¿A quién se pueden confiar estas dudas y estas angustias, cuando se han acabado los pañales y la leche, el otro está durmiendo la siesta y el bebé es para todos la octava maravilla del mundo? Es difícil estar a la altura de siempre cuando de la noche a la mañana uno pasa a ser el jefe de una «empresa» familiar. El cónyuge se convierte en un elemento del binomio con quien se intenta «funcionar» de la mejor manera posible. En el mundo del pañal y el biberón el erotismo parece una palabra fuera de lugar.

• **¿Es inevitable?** En estas condiciones sería una sorpresa doblar el interés y el apetito por el cónyuge. Si no se está físicamente disponible, por lo menos habría que encontrar un hueco para hablar a solas, pero no precisamente para comentar los progresos del angelito... Caballero, muéstrese emprendedor, no espere a que su esposa vuelva a usted, desde el fondo del limbo de la maternidad, vaya a buscarla. Señora, métase en la cabeza que aquel que berrea, con toda la fuerza que le permiten sus cuatro kilos, no ha adquirido en exclusiva los derechos sobre su persona. Si pasados unos meses después del nacimiento todavía parece improbable gozar de momentos de intimidad, quizá sería conveniente que consultaran con un terapeuta de la pareja, aunque sólo fuera para que este les dijera que están pasando por el típico periodo turbulento que atraviesan todos los padres recientes, y poder así, a continuación, reírse y reencontrarse.

Un simple accidente

El marido de nuestra amiga de la infancia, el amigo completamente asexuado con quien hemos ido de *camping* cien veces, aquella chica tan simpática de la recepción con quien tenemos confianza... Todos tenemos en nuestras vidas a personas a las que ni tan sólo podríamos describir de tan transparentes como son desde el punto de vista físico. En su presencia podríamos pasearnos prácticamente desnudos. ¿La seducción? En el armario. Con ellos uno se siente como un hermano o una hermana. Hablamos de todo, incluido de asuntos íntimos, y quizá también de nuestras fantasías. Analizamos nuestra relación de pareja, contamos nuestras frustraciones. Hasta que un buen día somos más vulnerables y se abre una pequeña brecha. La corriente circula mejor, ella tiene unos pechos bonitos, te fijas en sus manos, quedamos para tomar una copa y de pronto nos encontramos en la cama. No volverá a suceder, fue un accidente..., ¡pero vaya con los accidentes!

- **¿Es inevitable?** Ninguna relación es casta por naturaleza. Estas sorpresas tan frecuentes demuestran que las barreras mentales que uno se pone no son nada claras. En materia de atracción sexual, jamás hay que decir «jamás». Sólo queda por encontrar un sentido a un «accidente» entre amigos, si llega a producirse, aunque realmente implique muy poco.

El gusto por la transgresión

A pesar de la desdramatización del adulterio, engañar a la esposa o al marido implica exponerse a la reprobación pública. De ahí a convertirlo en un acto subversivo, que nos hace sentir fuera de las normas, no va más que un paso, que algunos no dudan en franquear, desde lo más profundo de su inconsciente. Es una forma de jugar al Dr. Jekyll y Mr. Hyde, de huir llevando una doble vida, un disfraz de personalidad polifacética. Sucede a veces en parejas que se sienten obligadas a hacer todo conjuntamente, sin dejar respirar el uno al otro. Una relación extramatrimonial es el territorio en donde el otro no está, un territorio secreto.

• **¿Es inevitable?** Antes de construir una segunda vida, puede ser útil hacer limpieza en la primera, eliminando un cierto número de obligaciones sociales en las que nos embarcamos en pareja: tenemos que invitar «al señor tal y a su señora» o a «Jaime y María Teresa» para devolverles la invitación, para quedar bien, o porque no vayan a pensar que algo no «funciona»... Procuremos pasar juntos sólo buenos ratos. Por otro lado, la respuesta a las ganas de respirar no es por fuerza la aventura sexual. Hay que respetar la necesidad de amistad, de emoción y de cariño «extraconyugales» que pueda tener el cónyuge. Un infiel crónico lo resume con gran acierto: «Algunas relaciones tienen más valor que otras, pero no es el sexo lo que les da este valor, contrariamente a lo que creen las mujeres, es otra cosa».

La venganza

Es lo primero que nos viene a la mente: descubrir que el cónyuge ha roto el pacto de fidelidad nos induce a hacer lo propio, porque ya no hay razón alguna para continuar siéndole fiel, porque «ahora verá lo que se siente», porque «ahora me las va a pagar...». Nuestros instintos más crueles, generalmente bien ocultos, pueden despertar en estas ocasiones. Si este funesto deseo se lleva a cabo, uno se puede encontrar, sin deseo ni placer, en la cama de cualquiera o del esposo de la rival, o viceversa.

• **¿Es inevitable?** En estas condiciones, es preferible ahorrarse el paso por una cama ajena que va a dejar mal sabor de boca. Lo cual no impide expresar al falto de delicadeza nuestra rabia, nuestras ganas de vengarnos y hasta de estrangularle. Sin embargo, vale más decir las cosas que hacerlas. Optar por el camino de la compensación nos ayudará a perdonarle. Ya encontraremos el modo de conseguir un regalo o un viaje que siempre nos había parecido demasiado caro. Y esto nos librará del camino del despecho.

Cuando el adulterio es un síntoma

En general, la búsqueda del placer es lo que nos lleva a acostarnos con otra persona. Para algunos, esto se convierte en una verdadera droga, de la que acaban teniendo dependencia. Como aquella mujer que se propuso «dejarlo» porque se daba cuenta de que ponía su matrimonio en peligro. En su palmarés tenía a numerosas personalidades locales a las que disfrutaba maltratando, obligándoles a anular citas importantes... Después de la terapia, comprendió que se estaba vengando de una infancia arruinada por un estrabismo importante, posteriormente operado. Para estos coleccionistas, el placer no es necesariamente de índole sexual. Buscan tomarse una revancha por un pasado humillante, demostrándose a ellos mismos que tienen el poder de conquistar. Poco importa a quién, es lo de menos. Utilizan a sus conquistas como objetos y les hacen sufrir en silencio. ¿Y qué pinta aquí el cónyuge? Aparte de este terrible vicio, comparte la vida de un hombre, o una mujer, en muchos casos exquisito. Una personalidad «bien tallada», como suelen tener los perversos. Colegas encantadores, padres de familia atentos y esposos maravillosos.

- **¿Es inevitable?** En este caso hay que aceptar vivir con alguien que tiene dos facetas y, por tanto, un equilibrio psíquico frágil, pero que ofrece su mejor perfil en casa, reservando su parte sombría a sus amantes, degradados al rango de instrumentos. Y esto puede servir de consuelo. Sin embargo, también hay que tener el valor de irse cuando se sobrepasan los límites, cuando cada vez resulta más difícil perdonar, y antes de que se haya destruido el propio equilibrio psicológico.

Lo esencial

- No siempre que la pareja va mal se busca una salida fuera de ella.

- Es muy difícil renunciar al amor naciente. Es, en gran parte, lo que nos hace buscar esta sensación en otra persona. Pero también es lo que nos podría incitar a esforzarnos dentro de nuestra pareja.

- Parece que a los demás el sexo siempre les funcione mejor, a pesar de que el número de parejas que acuden a los especialistas demuestra lo contrario. El hastío o la curiosidad pueden inducirnos a comprobar si esto es así.

- A priori ninguna relación humana es casta. Una amistad o una complicidad pueden adquirir tintes eróticos en cualquier momento.

Pequeñas infidelidades en la pareja

En una relación no siempre se busca sexo. Puede ser una bocanada de oxígeno, cuando la pareja resulta un poco asfixiante.

El adulterio a veces es una revancha por un pasado de humillación. Entonces se trata de un síntoma que pone a la pareja en peligro. En este caso conviene pensar seriamente en la posibilidad de una terapia.

Capítulo 6

Una fidelidad poco rigurosa

Sin llevar una doble vida, tenemos «x» trucos que, si bien no se pueden clasificar como «X», estimulan nuestra fantasía, sin que por ello perdamos la compostura. A nuestra manera, todos somos infieles.

¿Son impuros nuestros pensamientos?

Todos aquellos que nunca hayan imaginado un cuerpo a cuerpo furtivo con un repartidor, con la canguro que pierde la cabeza o con una quiromasajista audaz, o que no se hayan parado a pensar cómo debe estar la chica que viaja sola en el AVE con un *body* pueden pasar directamente al capítulo siguiente. Vecinos, comerciantes, compañeros de nuestra pareja, relaciones de trabajo, más Jennifer López, Johnny

Depp y otros más nutren el imaginario erótico de la mayor parte de nosotros. Estas fantasías no son más que emanaciones de los fantasmas de nuestro inconsciente. Estas imágenes más o menos excitantes circulan por nuestros pensamientos, surgen en nuestros sueños y, a veces, aparecen mientras hacemos el amor. Dicho sea de paso, la fantasía del adulterio es realmente la más *light* que tenemos en la trastienda mental, en donde cohabitan delitos y crímenes en potencia totalmente inconfesables. Se estima que cuatro de cada cinco personas piensan en otro o en otra mientras hacen el amor. Frente al ordenador o en el anonimato de un transporte público lo más banal es imaginar distraídamente un par de nalgas sugerentes o el recorrido que efectuarían unas manos osadas. Esto procura tanta distracción como excitación. Y para ello no hace falta estar pasando por ningún problema conyugal grave que nos haga huir de la pareja por todos los medios. Estas bocanadas de deseo tienen una similitud con nuestra gula por comer un manjar que nos chifla o por un buen cigarro.

⇨ La fantasía erótica

Algunos se preguntan por qué en pleno festival conyugal se interponen, en pensamientos, Julio, el profesor de música, o Andrea, la profesora de *acquagym*. ¿Qué significan estos sainetes eróticos que concertamos en secreto en nuestra cama, que se transforma y se enriquece para permitirnos alcanzar el placer? Hagámoslo, pero solos. Las fantasías, especialmente las de este tipo, no se comparten con la pareja.

Cuando se conoce bien al otro miembro de la pareja, no es descabellado divertirse condimentando una velada jugando ambos con la presencia de invitados imaginarios. Pero conviene ser muy prudente en los detalles: revelar la identidad del amante potencial puede ser estimulante en el ardor del momento, pero después puede originar un molesto interrogatorio en la cocina. Si el cónyuge es celoso, es más prudente guardar para uno mismo la ficción erótica. Puede significar una confesión de infidelidad y despertar verdaderas angustias, dolorosas y de consecuencias imprevisibles.

⇨ ¿Es normal necesitarlo?

El caso es que nos preguntamos si disfrutar imaginando sistemáticamente en la cama siluetas sugerentes no es un signo de que se tiene un pie fuera de la pareja. Como cada vez que se trata de una «norma», la prudencia debe imponerse. Cabe recordar que una fantasía, sea con quien sea, no es en absoluto sospechosa, por poco que se sepa diferenciar de la realidad. Porque en todos los juegos —y se puede considerar que el acto sexual es uno— lo real se superpone a lo simbólico y a lo imaginario. Pensemos por ejemplo, una vez más, en el *Monopoly*. Este juego se basa en la compra de calles (lo real), operación que está simbolizada por unos títulos de propiedad, unas casitas, unos hoteles algo más importantes (lo simbólico)... Pero todas estas operaciones ficticias no tendrían el mismo significado sin la intervención del imaginario: nos ponemos en la piel de un poderoso propietario, ¿y si invirtiéramos en las estaciones? Comprar un diminuto hotel rojo de plástico o imaginar que estamos en un hotel revolcándonos con la profesora del hijo menor se inspiran en lo mismo: hacer que el juego sea más divertido.

Cuando las fuentes de inspiración son siempre las mismas y provocan inquietud, habría que preguntarse: «¿Por qué esta fantasía me incomoda?», «El vecino en mi cama, ¿por qué él?», «¿Qué evoca esta persona?». Esta pequeña reflexión puede servir para poner en su sitio a ese clandestino involuntario. Porque se corre el riesgo de que resulte invasor, y tengamos la tentación de seguir el juego. Y de que a fuerza de soñar con este país desconocido, tengamos ganas reales de explorarlo.

Juegos no tan inocentes

El baile, los juegos o el deporte nos ofrecen múltiples ocasiones socialmente irreprochables para vivir nuestra vertiente infiel. El *bridge*, un juego conformista donde los haya, se puede entender como un ritual social que hace posible un sutil libertinaje. Por ejemplo, la pareja de juego no es necesariamente la pareja de la vida. A veces se juega contra los propios cónyuges, convertidos en contrincantes. Todo ello respetando escrupulosamente las normas sociales. Esto es aplicable a todos los juegos que se juegan en pareja. Sin ir más lejos, el *Pictionnary* y sus dibujos trazados con rapidez para sugerir las palabras o las expresiones al compañero de equipo invitan a compartir un universo familiar.

Y no hablemos ya del baile de salón, en donde se reproduce sensualmente el gesto de abandonarse al otro y el de volver a tomarlo. Los cursos que se imparten en las academias de baile están repletos de hombres y mujeres que, mayoritariamente, acuden a ellos sin sus consortes.

También podríamos hablar de los dobles mixtos en el tenis que, por el placer y la rabia que se comparten en los partidos, tienen un cierto paralelismo con la vida de pareja. Cada deporte tiene sus símbolos, como la escalada, en la que uno «asegura» al otro alternativamente, o el *jogging*, ya que corriendo se tiende a adaptar la zancada y el ritmo respiratorio a los del compañero. Al final de la sesión de entrenamiento o después de correr una prueba, se está rendido, desarmado y agotado, con ganas de quitarse el pantalón y la camiseta... para darse una buena ducha. En cualquier otro contexto, esta proximidad física sería motivo de sospecha. En teoría, el deporte desexualiza las relaciones. Pero en la práctica esto está por demostrar...

El adulterio en las novelas

¿Y si delegáramos en personajes literarios, héroes y heroínas, la experiencia de las grandezas y las miserias del adulterio que no nos atrevemos a realizar? La mayor parte de las grandes novelas clásicas, de Flaubert, Tolstoi o Clarín, no hacen otra cosa: contarnos historias de amor tan complicadas como embriagadoras, y siempre adúlteras. En la época en que estas novelas fueron escritas, por hombres, fueron muy mal acogidas. El autor de *Madame Bovary* fue condenado. *Las Amistades peligrosas* de Choderlos de Laclos o *El amante de Lady Chatterley* de D. H. Lawrence provocaron un escándalo. Fue esta literatura la que, juntamente con los tratados médicos, se atrevió por vez primera, en Occidente, a abordar el tema del placer femenino. Pese a que estas historias no producen felicidad a sus heroínas, han atravesado el tiempo, han hecho las delicias de los lectores y han procurado una fortuna a los editores. Lo que demuestra que tocan en nosotros algo muy profundo: una necesidad de transgredir las leyes sociales, de vivir por medio de los relatos de las aventuras sentimentales y sexuales, todo ello sin movernos del sillón.

¿Lo virtual es virtuoso?

No hace demasiado tiempo, las mujeres se sentían engañadas por el ordenador y las consolas de juegos, que acaparaban a sus maridos. Pero ahora ellas también le dan al teclado y pierden el tiempo, casi tanto como los hombres, pero de un modo diferente. Ellas buscan, sobre todo, informaciones prácticas, y les gusta chatear en los foros de discusión, las noches en que el señor de la casa mira el fútbol en la tele. Ellos navegan por Internet en función de sus centros de interés. Y sucede que un José María o un *Petete* se infiltran en los *posts* de las chicas sobre bebés o jardinería. Y rápidamente aparcan los consejos para regar el ficus y entran en el terreno de las observaciones más íntimas, e incluso atrevidas. Es fácil y anónimo. Y, además, no tiene consecuencias. Los hombres, en cambio, una vez han mirado los resultados del fútbol o han trasteado una foto se conectan a veces en páginas de contactos para «abordar» a chicas, sin timidez ni temor a llevarse un chasco. ¡Un sueño, en comparación con la vida real! Pero no olvidemos borrar el historial del ordenador que utiliza la familia. En realidad, estos contactos raramente tienen como objetivo un encuentro real, excepto para aquellos que se sienten asfixiados en la pareja y para quienes ya es demasiado tarde. El único peligro es acabar teniendo dependencia, porque la pantalla mágica siempre está ahí y ofrece una amplia gama de diversiones interactivas, incluidos el erotismo y la pornografía al alcance de un clic. Sobre este tema, las mujeres son mucho más mironas de lo que parece indicar su rechazo a las películas porno, tal como demuestran los estudios sobre el uso de Internet. En total, si nos interesa saber cuánto nos cuesta todo esto, tenemos que saber que lo pagamos sobre todo en tiempo perdido.

Divorciarse antes de engañar

Puede parecer paradójico referirse al divorcio en el capítulo dedicado a nuestros pequeños apaños para soportar la fidelidad. Sin embargo, es el medio más seguro de cambiar de pareja sin engañar. Una forma de ser leal, pero temporalmente, con otras parejas, cada vez exclusivas. Sustituye a la viudedad de antaño. Con el aumento de la esperanza de vida, teóricamente un matrimonio podría durar tres o cuatro veces más que en tiempos pasados, cuando la muerte separaba a las parejas al cabo de diez años, de media. Ni que decir tiene que no todos los viudos y las viudas eran inconsolables. El divorcio, cada vez más simplificado, puede ofrecer estas mismas ventajas a aquellos a quienes el adulterio tortura moralmente, pero tienen necesidad de cambios. Estos esposos irreprochables pueden, ante el estupor general, dar un portazo y decir que aman a otro. Y, generalmente, a continuación llegan unas rápidas segundas nupcias.

Otros, un poco manipuladores, precipitan el final de su matrimonio haciéndose odiosos. Una vez separados, tienen el camino libre para tener un amante, que pasa por un consuelo más que por una traición. Pero la moral queda a salvo...

Lo esencial

Nuestro inconsciente está lleno de fantasías, entre las que se incluyen las eróticas. Esto no significa, no obstante, que tengamos ganas, o necesidad, de llevarlas a cabo.

El acto sexual es un juego, que a veces condimentamos con imágenes excitantes. Lo real y lo imaginario se superponen, pero lo importante es no confundirlos.

El deporte, el baile o los juegos de sociedad tienen una vertiente de ritual social que podría pasar perfectamente por parodia de infidelidad. Lo mismo ocurre en las novelas clásicas, en las que se ponen en escena numerosos adulterios.

Hoy en día Internet da la posibilidad de flirtear con desconocidos. No es tanto esta facilidad como el tiempo que se pierde tecleando en el ordenador lo que separa las parejas.

El divorcio en ciertos casos es una manera de vivir la poligamia, con varias parejas, pero de manera sucesiva.

Capítulo 7
¿Es conveniente contárselo todo?

Tanto si te han sorprendido en la cama, como si una mala excusa hace insalvable la situación o un «amigo» bien intencionado ha metido la pata, las consecuencias de confesar una infidelidad son las mismas: peligrosamente imprevisibles. A menos que queramos la piel de nuestra pareja, es preferible hacer todo lo posible para mantener el secreto.

«¡Nos lo contaremos todo!»: la primera mentira

La confianza es una de las cualidades míticas de la pareja. No ocultarse nada y ser sincero son las primeras promesas de todos los enamorados. Paradójicamente, este deseo absoluto de transparencia puede poner en peligro a aquellos a los que debe confortar.

Pilar, dos años después de la confesión, lamenta haberse confiado a su cónyuge. La confesión en cuestión tenía que ver con una infidelidad: «Siendo sincera, rompí a sus ojos mi imagen de esposa, de buena madre, de alma gemela. Me convertí en un ser doble, perverso y cobarde. Para él es práctico: siempre tiene un buen argumento en las discusiones».

Nos han repetido tantas veces que los problemas conyugales provienen de la falta de comunicación que tendemos a pensar en voz alta, a no callarnos nada. Al contárnoslo todo, contamos demasiado.

⇨ ¿Comunicación? ¿Para qué?

Jamás en nuestra historia las mujeres y los hombres han sido tan cómplices. Cursamos los mismos estudios, tenemos empleos equivalentes y nos esforzamos en repartirnos las tareas domésticas. Esto nos proporciona una serie interminable de líos y de «conversaciones», por llamarlos de algún modo. El hecho de compartir todas nuestras preocupaciones se acompaña del sentimiento de que nuestra pareja puede escuchar todo, debe entender todo. A partir de este supuesto, se la considera preparada para desempeñar todos los papeles: el de padre que consuela, el de terapeuta que cura o el de policía que riñe. Son papeles por naturaleza contradictorios e imposibles de ser interpretados por una misma persona, y menos aún por aquella a quien nos une un vínculo tan frágil como el amor. Todo este embrollo origina un exceso de palabrería. La comunicación a veces se atasca, cuando no se vuelve claramente contraproducente. Deje de lloriquear, caballero, sus fragilidades, encantadoras al principio, acaban poniendo de los nervios a su compañera. Y en cuanto a usted, señora, reserve para sus amigas su necesidad de charlar de todo un poco. Tememos tanto el ruido de los cubiertos cuando nos callamos que acabamos perdiendo el significado del término *comunicación*. Nuestras pequeñas miserias de cada día, así como nuestras pequeñas preocupaciones íntimas, sólo deberían atañernos a nosotros, para no perder parte de nuestro encantador misterio. Basta de ser «sincero» hasta límites absurdos. No hay nada malo en intentar ofrecer a nuestra pareja una imagen correcta de nosotros mismos.

⇨ Lo útil y lo agradable

Seamos realistas: cuando se vive en pareja, con uno, dos o tres hijos, las conversaciones no pueden estar limitadas a maravillosos intercambios de consideraciones sobre temas de gran trascendencia. Ni tampoco a la elaboración entusiasta de proyectos comunes... ¿Quién lleva al pequeño al dentista? El coche hace un ruido raro... Se tiene que limpiar la moqueta... Es difícil obviar los detalles de la intendencia doméstica. Cuando las tensiones se ciernen sobre las tareas domésticas y paralizan la comunicación en otros niveles, puede ser útil organizar una especie de «reuniones de trabajo» para distender el ambiente. Una o dos veces por semana, en casa o fuera. ¿Por qué no quedar con un orden del día elaborado por separado y repartirse con equidad las tareas más pesadas? Y así el resto del tiempo se podrá hablar de otras cosas, y quizá también de amor.

Confesar para quitarse un peso de encima

Nuestro deseo de «aclararlo todo» nos hace hablar más de la cuenta: los problemas de la escapada del fin de semana o del jefe en el trabajo cohabitan entremezclados con nuestros estados anímicos y nuestras crisis de conciencia. Tanto es así que una frase lleva a la otra y cae la confesión: «En la boda de hace tres semanas bebimos un poco más de la cuenta y acabé montándomelo con otro invitado». Cuando la aventura extraconyugal emerge en las confidencias, raramente ha ocurrido el día anterior, sino hace días o semanas. Ya ha prescrito, pensamos, y, además, no nos encontrábamos en un estado normal: el alcohol, la emoción, la lejanía... Generalmente, la confesión se suelta en la cama o por encima de la vela en la mesa de un restaurante, durante un desayuno perezoso o paseando a orillas del mar, como si nada. En un momento en que el tiempo está parado, lo cual hace que el secreto sea más difícil de llevar. Cuanto más armonioso sea el momento presente, más insignificante e inconsistente nos parecerá ese torpe episodio. Entonces creemos que nos lo podemos quitar de encima compartiéndolo. ¡Error! Precisamente en esos momentos es cuando fastidia más.

⇨ La imaginación hace el resto

Es imposible prever el efecto que tendrá la confesión de la infidelidad en la persona que nos ama. Como hemos visto anteriormente, una confesión de este tipo puede despertar antiguas heridas de la infancia, cuya profundidad no sabe nadie. Según la misma Pilar: «Si hubiese optado por mentir, Marcos al principio habría insistido y habría seguido poniéndome pruebas debajo de la nariz... Pero luego, por gordo que pueda parecer, creo sinceramente que le habría dado una gran alegría si le hubiese hecho creer que se equivocaba. ¡Estúpida de mí, pensaba dar muestras de valentía —porque encima tuve que echarle valor— confesando unos hechos que ahora me parecen anecdóticos!». El peor malentendido es este, la distancia en el tiempo entre el hecho real y la percepción que tiene el otro. Al fin y al cabo, si estamos allí haciéndonos daño, hablando de aquel recuerdo, es que nuestra pareja cuenta más que aquel lío que tuvimos. Pero el «afectado» no lo ve así. Se detiene en una imagen: se ha preferido a otra persona, antes que a él. Y punto.

Salvando las distancias, es como cuando la persona a la que amamos habla de un ex. Mientras habla mal, a nosotros nos parece bien, cuando se acuerda de algo concreto, afinamos el oído, y cuando aparece la anécdota un poco íntima, nos ponemos nerviosos. Hasta que llega el momento en que nos quedamos con un detalle de la explicación —«Cuando fuimos a Florencia...», «Hay que reconocer que estaba cachas el tío»—, y dispara imágenes hirientes, abrumadoras. El otro no se da cuenta de que palidecemos. Para él, es un recuerdo inocente del pasado, para nosotros se convierte en un sufrimiento. ¿Y si echara en falta a aquel guerrero? ¿Y si soy menos fantasiosa que su amiguita tan imprevisible? Nunca se tienen suficientemente en cuenta los sentimientos del otro cuando se habla de relaciones íntimas de las que este está excluido.

⇨ **Nunca se puede decir que «no ha sido nada»**

La tentación es quitar hierro a una infidelidad. Es un poco como decirle a un niño que acaba de darse un trompazo: «No ha sido nada, no te has hecho daño»; no se puede saber lo que siente, dónde está herido. Y, además, si el protagonista da tan poca importancia a una aventura sexual, no hay ninguna razón para que no vuelva a tener otra en el futuro. Y esto no es precisamente tranquilizador. «No quería hacerte sufrir» es, sin duda, el comentario más sensible en estos casos.

Cuando el inconsciente nos traiciona

Sin embargo, hay quien tiene el acierto de no decir nada. Pasado el primer encogimiento del corazón, de vuelta a casa, medio eufóricos, medio culpables, después de una «reunión inaguantable», estos virtuosos del secreto consiguen hacer malabarismos con sus agendas y los sonidos del móvil. Le toman el gusto a la clandestinidad, que pasa a ocupar un lugar de honor en su relación secreta. Si la cosa dura meses o años, sin crisis alguna, todo hace suponer que el legítimo pacta con su propio inconsciente para cerrar los ojos. Porque él también sale ganando en este juego. Algunas hipótesis: por fin le deja en paz, se acabó el incordio en la cama; o bien es un cheque en blanco para poder hacer lo mismo.

Pero en la mayoría de ocasiones llega el día fatal en que el vecino, solidario con los maridos cornudos, hace evidentes insinuaciones al nuestro, o la función «rellamada» nos traiciona, o sufrimos un *lapsus linguae* al pronunciar el nombre de Javier o Maite. Nos da rabia y vergüenza haber sido pillados tan tontamente con las manos en la masa. ¿No es mala suerte que nuestra amiga haya dado a luz prematuramente, justo la noche que nos servía de excusa? La lengua se traba, surge un indicio. Entre lapsus y actos fallidos, el inconsciente se las arregla para hacer algo que no habíamos previsto: soltarlo todo, «accidentalmente», claro.

¿Qué se busca cuando se habla?

Sólo existen tres razones, todas ellas irracionales, para contarlo todo, o dejarse pillar, lo cual, como hemos visto, acaba siendo lo mismo.

⇨ El secreto pesa demasiado

No somos capaces de mirar a los ojos a nuestra pareja, nos sentimos culpables ante los hijos de estar tan ausentes, incluso cuando estamos con ellos. Un lío sin continuidad o una pequeña historia paralela, furtiva, pueden causar fijación o, incluso, hacer perder la cabeza. A unos les cuesta más que a otros compartimentar la vida. Es una cuestión de educación y de moral. Como hemos visto, aliviar el sentido de culpa confesándose al otro significa correr el riesgo de una reacción imprevisible. Como después de cualquier situación traumática, siempre puede ocurrir que la pareja se resienta de este episodio con el miedo de haberse perdido. Es una apuesta arriesgada. Es un poco como si chocáramos expresamente con el coche contra un árbol, con la esperanza de que nuestra familia recuperara el significado de los verdaderos valores. El resultado pueden ser unas simples magulladuras, pero sería excepcional.

¿Tenemos cosas que decir a la persona con la que compartimos la vida? ¿Nos aburrimos, la rutina nos asfixia, deseamos un cambio? Pues utilicemos un estilo más directo que esgrimir a un amante como si fuera un rodillo de cocina. La palabra, las muestras de amor, los signos de estar hasta la coronilla e, incluso, la amenaza de divorcio son medios menos extremos de comunicar. Por el contrario, una brecha abierta en la burbuja de la pareja —aunque dicha burbuja no funcione como una seda— desestabiliza al otro. Así, a este le resultará muy difícil apuntar un cambio positivo. ¿Dejar más espacio al otro miembro de la pareja? ¿Prestarle más atención? ¿Elaborar más proyectos comunes? ¿Para qué, si de una confesión de infidelidad se deduce (porque siempre se exagera) que el otro está con un pie fuera, dispuesto a largarse con otro?

⇨ Un punto de sadismo en un mundo de salvajes

Peor que confesar imprudentemente a la luz de la luna es multiplicar los indicios para inquietar al otro y luego negarlo todo rotundamente, cuando este hace preguntas. Se exhibe el reloj nuevo, antes de burlarse de la insistencia del cónyuge por saber su origen. Más tarde se reconoce tener un lío... y así sucesivamente. La madeja de la verdad se va deshaciendo poco a poco, como si se quisiera ahorrar sufrimiento al otro. Pero, en realidad, esta danza sádica provoca todavía más sufrimiento.

Estos comportamientos son habituales entre los adolescentes, pero estos tienen la justificación de buscar, mediante este recurso tan poco afortunado, qué valor tienen. La ecuación es fácil: cuanto más atormentado llega a estar el débil, más pruebas tienen de que cuentan para algo. En un principio, en la edad adulta deberíamos haber superado esta etapa. Pero, en amor, ¿podemos ser adultos?

⇨ El último combate

Se ha dejado de creer en la pareja. Uno se concede la aventura como una transición. No es forzosamente la relación del siglo, de aquellas que ponen un punto final a una unión tambaleante, pero ofrece un punto de apoyo para reunir la fuerza suficiente para marcharse. Representa bien un último sobresalto para intentar el milagro de reavivar la llama o bien un verdadero último combate. Lo que ocurre es que con la energía de la desesperación se lanza la infidelidad a la cara del cónyuge, con la rabia con que se le tiraría una pila de platos. Incluso se puede dar la vuelta a la tortilla, acusando al otro de «tan siquiera haberse dado cuenta».

Cuando la separación parece inevitable, lo más sensato es concertar una cita con un abogado, una agencia inmobiliaria o un terapeuta de parejas, según el estadio en que se esté. ¿Para qué sirve hacer pagar al otro el final del amor, maltratando su amor propio? Con más razón si hay niños bajo esta tormenta. En los divorcios, los conflictos sobre su custodia a menudo tienen el origen en estas heridas del amor propio. Alguien tiene que pagarlo.

Él, o ella, quiere saber quién es

La pregunta aflora de forma natural en el momento en que se descubre la infidelidad: «¿Quién es?». Parece difícil eludir la respuesta. A no ser que se recurra a una mentira diplomática para mantener, en la medida de lo posible, el anonimato del amante: «Oh, verás, me cameló en el supermercado...» o «Ella hacía una sustitución en el departamento de informática». ¡Ojalá fuera verdad! Pero, por desgracia, las encuestas demuestran que la mayor parte de las aventuras provienen del círculo de amigos o del entorno profesional directo, por lo que revelar su identidad es peligroso. Para limitar los daños, intentemos pedir a nuestro cónyuge que nos acepte con nuestro secreto. Cuando se tiene la posibilidad de poner un nombre y un rostro al rival, pueden nacer ideas extremadamente violentas, sobre todo si esta persona forma parte de un entorno próximo y va a verse en el barrio, en reuniones familiares o en el trabajo.

⇨ **¿Qué tiene él, o ella, mejor que yo?**

Es humano querer saber qué tiene mejor el rival, pero esto puede doler: ¿hace mejor el amor?, ¿es más atractivo físicamente?, ¿a qué se dedica? Sean cuales sean las respuestas, causan decepción o, incluso, terror. O bien el sustituto resulta ser superior al titular, y este se derrumba, o bien el primero no parece tener gran cosa más, y todavía es más difícil de entender. Cuando se está siendo objeto de un interrogatorio, sólo deben darse las explicaciones y las aclaraciones necesarias, y abstenerse de detalles que pueden parecer humillantes. Independientemente del grado de culpabilidad que se tenga, habría que tener la fuerza de resistir las preguntas inquisidoras que el ofendido, desde su posición de víctima, se cree en derecho de formular. A este último sólo se le puede aconsejar que desista de la tentación de querer averiguarlo todo, hurgando en las heridas. Si ya sabe lo esencial, ¿de qué le sirve saber dónde, cuándo y cómo se lo montaron los amantes, aparte de para garantizarse el insomnio e hipotecar la continuidad de la vida en común?

Lo esencial

En nombre de la sacrosanta necesidad de comunicar, las parejas modernas a veces hablan demasiado y mal. Algunas confidencias deben evitarse. Una confesión de adulterio puede hacer tambalear la pareja de manera imprevisible.

Cuando el secreto supone una carga excesiva, nuestro inconsciente nos traiciona con faltas que nos delatan.

Detrás de una confesión de infidelidad, o de un acto que nos traiciona, se esconde a menudo el deseo de provocar una crisis conyugal... o un componente de sadismo.

Como está demostrado que el cónyuge casi siempre conoce al amante, es preferible abstenerse de revelar su identidad, y también de querer conocerla, porque sólo sirve para aumentar el daño.

Capítulo 8

Limitar los daños

En este recorrido de obstáculos que es la vida en pareja, ser infiel significa ponerse un handicap, una dificultad añadida, que complica la carrera. Pero cada cual su camino...

El secreto es el más fiel aliado del infiel, pero este último no tiene el control de todo, ni de los excesos del número 2 —también es un ser humano—, ni de las reacciones, a veces desconcertantes, de su cónyuge cuando se entera de todo. Para que una aventura no acabe como el rosario de la aurora, hay que mirar lejos, es decir, prever su final. Un paracaídas es útil si se quiere evitar accidentes durante el trayecto.

Cómo tener un amante a distancia

⇨ Elegir bien

«Un hombre bien casado, enamorado y feliz». Así es como define la heroína de *La Conversation amoureuse,* de Alice Ferney, al amante ideal, aquel que «tiene interés en estar callado», precisa. Desgraciadamente, es muy raro que un hombre o una mujer que encajen con esta definición hagan cabotaje amoroso. Sin embargo, habría que inspirarse en esta descripción para no embarcarse con cualquiera: alguien que no admita que su amante no esté libre los fines de semana o que se prodigue en mensajes equívocos, susceptibles de ser interceptados, por ejemplo. Con un amante que tiene obligaciones familiares es más fácil delimitar la relación clandestina. No es demasiado moral, reconozcámoslo, pero aclaremos, en contrapartida, que es más que recomendable navegar lo más lejos posible del campo base. Esto implica evitar seducir a bombas de relojería: los amigos de la pareja, así como sus parejas respectivas, las personas que uno de los dos frecuenta en el trabajo, los miembros de la familia... Los pasos en falso que delatan, las rupturas mal digeridas tienen repercusiones todavía peores si no se ha tenido la prudencia de cazar en terreno neutral. Este simple buen sentido se echa en falta cuando a uno le gusta sentir el escalofrío de la clandestinidad. Así, en lugar de intentar compartimentar sus dos relaciones, algunos kamikazes, por decirlo suave, se empeñan en favorecer el compañerismo entre su esposa y la amante, por ejemplo. Es cómodo en el sentido de que permite resolver problemas de falta de tiempo —la amante va de vez en cuando a casa, y así se ven más—, a la vez que se alimenta la ilusión perfecta de hacer feliz a todo el mundo. Pero más dura será la caída...

⇨ Respetar un contrato

Pese a que se haya seguido el primer punto al pie de la letra —Cupido ha llamado discretamente y lejos de casa—, si la relación dura, es probable que evolucione. Ciertamente, no es lo más romántico, pero hay que reconocer que toda relación humana es de tipo contractual. Los amantes secretos creen estar de acuerdo en lo esencial: nada de sentimientos entre ellos, evitarán repetir las obligaciones del matrimonio, sólo vivirán juntos lo mejor... Pero como todo es tácito, con el paso del tiempo, aparecen diferentes interpretaciones. A veces nos reímos de las cláusulas de algunos contratos de las estrellas del otro lado del Atlántico, que prevén, entre otras cosas, las condiciones materiales del divorcio. Esta precaución se podría aplicar, por qué no, a las relaciones adúlteras, como si se tratara de un certificado de «no compromiso» recíproco. ¿Es para reírse? De ningún modo. Figurarían las prohibiciones mutuas (telefonear a casa, por ejemplo, o caminar cogidos de la mano), así como los derechos y los deberes de cada uno en el momento de la ruptura.

⇨ **No subestimar el apego al otro**

A pesar de que en el «contrato» se estipula claramente la prohibición de amarse, no es seguro que se pueda controlar todo. Sobre todo si la relación dura. Los matrimonios de conveniencia, la vida en la cárcel o incluso un largo viaje en tren nos enseñan que las situaciones de intimidad crean apego. Dicho de otra manera, el simple hecho de que dos personas compartan momentos juntos las expone a una forma de amor, o de dependencia. ¡Qué decir entonces de las relaciones sexuales, adornadas, además, por el secreto! Sin que se sepa esgrimir otra causa que no sea la función maternal, las mujeres parecen más propensas a sentir apego. Lástima echarlo en falta, cuando al principio el placer era lo único que motivaba. Si es el *outsider* el que se enamora, ya no es la ausencia lo que pesa, sino el temor de las complicaciones domésticas. Sería juicioso cambiar de amante con frecuencia, antes de que se mezclasen los sentimientos. Porque no puede haber relaciones que duren sin que nazcan vínculos afectivos.

⇨ Saber cortar

Si la relación extraconyugal pierde su carácter extraordinario, si es motivo de insatisfacción porque complica la vida en lugar de embellecerla, cuando pone en peligro a la pareja fija, entonces hay que ser capaz de cortar. Lo que para algunos parece un ejercicio de rutina, para otros es una ardua tarea. No saben decidirse a cortar. Llevada al extremo, esta actitud produce hombres —es una actitud típicamente masculina— que van y vienen, abandonando el domicilio de una para ir de inmediato con la otra, a la que dejarán a su vez. Suelen presentarse como perdedores, como víctimas. El sufrimiento está ligado, dicen, a la incapacidad de hacer daño; esta forma de razonar les permite superar la culpabilidad. Esto, no obstante, no ayuda a quienes esperan una decisión definitiva.

Cómo proteger a la pareja y a la familia

➪ Afrontar la culpabilidad

«Un viaje de trabajo, a las antípodas. Ofuscado por el alcohol y la fiesta, la atmósfera se hizo tórrida. Ante una situación excepcional, un comportamiento excepcional, y la salsa endiablada acabó en el baño. Al despertar me quedó una resaca de perro y unos remordimientos terribles». Con algunas variantes, este tipo de situación a todos nos recuerda algo. El alcohol no es siempre el único responsable de nuestras conductas extravagantes: la excitación sexual o las ganas de novedad son poderosos factores desinhibidores, con los que el superego puede diluirse. En definitiva, la atracción por alguien puede hacer trizas todos los valores, todas las barreras que en otras circunstancias nos impondrían racionalidad. La mujer que dice ser soltera o tener problemas en su relación de pareja, o el farsante que dice ser víctima de un flechazo por dos horas de revolcón, podemos ser cualquiera de nosotros en una circunstancia particular. Pero esto no siempre se asume fácilmente. Y luego se viven días con un despertar decepcionante. Hay quien lo pasa muy mal después de haber agrietado la pareja. A pesar de que el momento en que se produjo el desliz permanezca en secreto, uno se puede sentir avergonzado. Tan avergonzado como cuando siendo niños nos gastamos el dinero de la compra. Antes de lanzarse a la aventura conviene saber valorar este sentido de culpabilidad. En efecto, la primera cualidad requerida para engañar sin hacer daño es saber mentir. Esto puede que suscite algunas sonrisas, pero muchos no son capaces de hacerlo. Para ellos, la mentira es, desde la infancia, un pecado. Y vivir en estado pecaminoso les resulta insoportable.

⇨ Valorar la solidez del cónyuge

En el capítulo anterior hemos insistido en las ventajas de mantener en secreto la infidelidad. Sin embargo, no se puede estar completamente seguro de la estanqueidad de una alcoba. Recordemos que con un cierto tipo de cónyuges el riesgo es mayor que con otros. A las personalidades abandónicas (que han sufrido separaciones o falta de afecto pronto en la infancia) o dependientes les costará mucho perdonar una infidelidad. Pero la experiencia demuestra que ante esta situación hay personas a priori muy sólidas que literalmente se hunden. La prudencia es requisito obligatorio...

⇨ Considerar una inversión de la situación

La cama impecablemente hecha dice claramente que nadie ha dormido en ella. Se le encoge el alma al que ha dormido fuera, cuando llega a casa. Entonces, ¡oh, sorpresa!, el infiel es recibido por un cónyuge distraído que apenas escucha sus explicaciones, le deja que se embrolle y no manifiesta ninguna de las reacciones previsibles. El primero duda entre el alivio y la decepción. ¿Qué esconde esta actitud? ¿Desinterés? ¿La satisfacción de poder hacer lo mismo? ¿Una herida de amor propio tan terrible como muda? Estas preocupantes hipótesis van tomando cuerpo, con el agravante de que el infiel, incómodo, no está en posición de pedir explicaciones. Es así como a veces, sin rabia ni escándalos, un cónyuge engañado puede decidir aprovechar los beneficios secundarios que le da su condición de cornudo, hablando claro. Al encontrarse en una posición de fuerza, podrá negociar los nuevos términos del contrato que le une a su pareja, Por ejemplo: «Se aceptan las aventuras, con la condición de no contar nada», lo cual deja siempre perplejo, o también: «Necesito aclararme las ideas (sobreentendiendo "después de lo que me has hecho"), iré más a menudo a entrenamiento, no cuentes conmigo para las salidas de la escuela», o bien: «Me voy a poner a estudiar otra vez, así a la larga podré tener más independencia económica. Nunca se sabe lo que puede pasar, qué te voy a contar...». En algunas parejas hay un antes y un después de la infidelidad, igual que se habla de un antes y un después de una guerra.

⇨ Evitar los símbolos que matan

Algunos elementos de naturaleza simbólica complican la cicatrización de la herida y del trauma. Es el caso de la cama conyugal, cuando se tiene el mal gusto de haber llevado al amante a casa, y la cosa se sabe. Lo mismo ocurre cuando se han comprado dos bolsos iguales para hacer felices a dos mujeres a la vez. Este tipo de detalles, que no pasan por alto las representantes del sexo femenino, empiezan por delatar y luego desencadenan un drama que va más allá del descubrimiento de la infidelidad. En un caso concreto, el uso por parte del amante de un preservativo del lote del marido suscitó la más terrible de las cóleras en este último. Y, a la inversa, unas medias de la esposa prestadas a la amante para salir de un apuro se transformaron en material explosivo. Ciertos símbolos tienen el valor de violación. No se debe tocar jamás aquello que tiene que ver con los asuntos personales, ni con los gustos comunes. Descubrir que la esposa de uno, con quien se comparte la admiración por un autor húngaro, ha regalado uno de sus libros al amante destruye profundamente la parte mítica de la pareja. Sería un poco como si un alérgico a San Valentín y a todas estas sandeces (según él) fuera pillado por su esposa un 14 de febrero con dos billetes para Venecia, en lugar de con billetes para acudir al seminario de Valladolid, como había dicho. Indefendible.

⇨ Apartar la duda sobre la descendencia

En un principio, la procreación no forma parte de los proyectos de los amantes, pero a veces complica su historia. La simple idea de una filiación extraconyugal en ocasiones acarrea duras consecuencias en la pareja y los niños. Sobre todo cuando el hombre engañado tiene el ego debilitado, no se siente seguro de sí mismo y no cree estar a la altura de la situación de esposo y padre.

Cuando una infidelidad se descubre tardíamente, puede sembrar la duda: «¿Y si el pequeño en realidad fuera hijo de este...?». Algunos, incluso, piden un estudio genético (que cuesta miles de euros). Son dudas que pueden conducir al rechazo del niño al que a veces han criado durante años, si obtienen la prueba de que no es hijo suyo.

En estas situaciones que implican a toda la familia, lo único que se puede aconsejar a los padres es que actúen como adultos. Es conveniente recordar que quien educa al niño y sabe hacerse llamar «papá» es el verdadero padre. Esta es, al fin y al cabo, la condición de los niños que nacen gracias a las técnicas modernas de procreación. No conocen a su padre genético, pero no por eso lo llevan peor.

Pero hay que repetir que, para descartar este tipo de riesgos, la única solución es ser muy escrupuloso con el uso de nuestro viejo amigo el preservativo, que, de paso, protege de las enfermedades de transmisión sexual.

➪ Continuar ocupándose de la pareja

Un hombre, o una mujer, de más en la vida, por poco que se venzan los escrúpulos, tiene efectos muy positivos en el ánimo y en el humor. Con este tiempo parcial de amor euforizante, todas las preocupaciones habituales quedan relegadas a un segundo plano. Empezando por las de la pareja. Una vida sexual pobre ya no es un problema, e incluso se intenta no discutir más sobre el tema. ¿Proyectos comunes? Habría que tener tiempo para pensar en ellos. Porque amar a otra persona resta tiempo. Todo lo que no se podía soportar del cónyuge se hace soportable, porque se tiene la cabeza en otro lado. ¿La media botella de whisky que se evapora todas las noches? Se acabaron los comentarios. ¿Esa manía de ir hecho un trapo siempre? Se acabaron las quejas. El resultado es que se deja en paz a la persona que vive bajo el mismo techo, a veces hasta la indiferencia. Esto fue lo que le ocurrió a aquel hombre poco escrupuloso en el terreno de la higiene que se convirtió en un auténtico oso cuando su compañera, ocupada con otro, dejó de insistir para que se duchara y se afeitara cada día, hasta el punto de que tuvieron que hacer una terapia para reencontrarse. Cuando se sabe la cantidad de energía y de amor que se debe monopolizar para tirar adelante la pareja, se puede valorar en qué medida una aventura extraconyugal puede privar del esfuerzo necesario para su supervivencia.

Lo esencial

- La primera cualidad de un amante es la discreción. Además, es preferible elegirlo lo más lejos posible de la esfera familiar.

Limitar los daños

Una relación extraconyugal bien llevada permite limitar los daños en la pareja. Esto presupone fijarse algunas reglas y saber cortar en el punto acordado.

Nuestra educación ha desarrollado en nosotros el sentimiento de culpabilidad, que a veces nos pesa mucho cuando sucumbimos al encanto de otra persona.

Una persona engañada puede sacar provecho de la situación, por ejemplo dominando a su cónyuge «culpable».

Cuando se tiene una relación fuera de la pareja no se deben tocar ciertos mitos o símbolos de la pareja, para no causar graves heridas.

Una aventura monopoliza una energía de la que se priva a la pareja, que, por este motivo, corre el riesgo de marchitar más rápidamente.

Capítulo 9

Superar la crisis

La infidelidad del uno o del otro abre, o culmina, con toda seguridad, una crisis conyugal. Esto les permite avanzar a los dos, pero falta saber hacia dónde. Un nuevo compromiso, la debilitación del vínculo, la ruptura... Una aventura... es la aventura.

Tal como hemos visto, los motivos para romper el contrato son múltiples y no siempre dependen del cónyuge. Más que una cuestión de pareja, es una experiencia personal, de uno mismo. No obstante, afecta a la «comunidad matrimonial» a partir del momento en que el otro tiene conocimiento de ello. Entonces, surgen preguntas inevitables sobre la pareja y el compromiso. Se vuelven a repartir las cartas, en un marco de conflicto y de dolor, pero quizá también con alguna esperanza: la de empezar otra partida con más bazas o descartándose de las cartas que no ligan.

Conocerse mejor

Hasta la coronilla de una vida monótona, organizada como una partitura, entre un trabajo agradable, sin más, que marca los desplazamientos de ida y vuelta a casa, y los fines de semana dedicados a encontrar ocupaciones adecuadas para el pequeño. Ningún reproche grave para el hombre, buen padre, buen marido, como se suele decir. Y, sin embargo, fue él quien pagó el pato de esta vida un poco demasiado ordenada cuando Julia aprovechó la fiesta de aniversario de un niño para dejar ahí al suyo y encontrarse con el moreno guapetón que tenía visto de una fiesta. Cinco años más tarde, ella analiza: «Yo era joven, tuve la tentación de culpar a mi marido de todas mis angustias, de decirme a mí misma que no era el bueno. Ahora bien, en seguida me di cuenta de que aquella historia paralela me aportaba algo que no tenía nada que ver con el amor. Me despertaba, me hacía un bien increíble, pero esto me remitía todavía más rápidamente a mi marido. A la pregunta que me obsesionaba de "¿Todavía le quiero?", la respuesta era claramente sí. Al otro hombre, más bien estaba enganchada, como a algo que te hace bien. Pero me hizo falta un punto de referencia para saberlo. Cuando pasó la novedad, me reintegré a la pareja, mucho más madura que antes».

Tener una relación extraconyugal a veces es un rodeo, un poco complicado, que permite conocerse mejor. Saber lo que se quiere y, sobre todo, saber qué es lo que tiene valor. En definitiva, una forma, aunque muda, de decir sí.

⇨ La revelación del otro sexo

En el capítulo de beneficios anexos del adulterio, hay que saber rendir homenaje a aquellos hombres y a aquellas mujeres de préstamo, de quienes no se dirá nunca hasta qué punto pueden contribuir, a su pesar, a conocer mejor a la persona con la que se vive: «Después de unos meses enrollado con otra, descubrí con sorpresa que las dos "mujeres de mi vida" tenían más puntos en común entre ellas que yo con cada una. Entendí muchos comportamientos y reacciones de mi esposa: el peso y la fuerza de las palabras, por ejemplo, y también de los gestos. El Día de la Madre fue mi amante quien me hizo la observación, consternada, de que no me había acordado de mi mujer», reconoce Lorenzo. Las personalidades optimistas podrían considerar las relaciones extraconyugales como esto, una especie de curso de observación en el país del sexo opuesto, del que debemos reconocer que tenemos conocimientos muy aproximativos. Cuando el comentario o el reproche provienen de la tercera persona, se escucha con oídos nuevos y, sin duda, con más atención: «En cierta ocasión le conté una anécdota a mi compañero para que me reconfortara y, ante mi sorpresa, dio la razón a mi marido», sonríe Elisabeth. Los hombres y las mujeres de paso, más que actores secundarios, son excelentes dobles. A veces se deben superar así las escenas de riesgo de la vida en pareja.

Un accidente que acerca

En ocasiones la crisis causada por el descubrimiento de una relación revela a cada miembro de la pareja aspectos de la personalidad del otro que hasta entonces ignoraba.

⇨ **El que ha engañado se expresa**

Instado a explicarse, el que ha sido causante del escándalo está obligado a decir un poco más de lo que ha salido a la luz: tres encuentros cortos con una ex compañera de trabajo, unos momentos robados que ni tan siquiera dieron la ocasión de hacerse más preguntas que no fueran «¿dónde?, ¿cuándo?». Bajo el temporal de invectivas, no tenemos otra opción que analizar más detalladamente las razones que nos llevaron hasta allí: en casa faltan emociones, el otro está siempre fatigado, la angustia de las primeras canas... En el mejor de los casos, estos deslices pasan a un segundo plano. La pareja empieza muy rápidamente a hablar sobre sí misma. Cada uno vuelve a exponer sus expectativas en relación con el otro, sus dificultades, sus decepciones... Algunos afirman que nunca habían hablado tanto de ellos como durante la crisis, casi con el cuchillo en la garganta. Pero no nos engañemos. Después del cálido reencuentro que sigue, el espectro del tercero tiene todos los números de reaparecer algún día, en medio de la conversación. Normalmente será una alusión discreta: «Lo siento, llego tarde, he tenido que poner las cadenas, ¡yo no tengo un 4 x 4!». Mientras tanto, la revelación habrá permitido desbloquear la comunicación y volver a empezar a partir de bases más sanas, con más discernimiento.

⇨ El engañado se expresa

Como un chiquillo que ha cometido una travesura, puede ocurrir que uno se prepare para enfrentarse al pit bull doméstico, el día en que el hueso fue desenterrado, y, ante su sorpresa, a veces se encuentra con un perro de caza que le mira con ojos sufrientes. El cónyuge, normalmente frío y distante, confrontado a una experiencia desagradable, puede mostrarse diferente. Quizá nos demos cuenta de que es más cariñoso de lo que creemos, y más emotivo. Un taciturno que empieza a hablar, un inmaduro que toma decisiones o un colérico que aborda la situación con tranquilidad (versión hombre o mujer): todo esto forma parte de las sorpresas agradables consecuencia de la catástrofe. El cónyuge se muestra más humano, con sus heridas y sus fragilidades, y también en su dimensión generosa y luchadora. A veces esta situación es necesaria para acercarse a la persona real, y no al personaje que queremos ver en nuestro marido o nuestra esposa. Los límites están menos difuminados, se sabe mejor por qué se comparte la vida con él o ella.

Un nuevo compromiso

A pesar de que haya habido menos descalabro de lo que se podía temer, la pareja no es la misma después de la crisis. En cada salida de una crisis, la pareja tendrá que deshacerse de los hábitos antiguos, para ponerse los nuevos. Algunos juegan fuerte: Elena y Santiago, que vivían en concubinato desde hacía mucho tiempo, decidieron casarse después de concluir sus aventuras respectivas. Una manera de volver a elegirse y de comprometerse. Simbólicamente, su «contrato» tuvo que cambiar. Uno de ellos quizás está más presente y el otro modera su impaciencia.

⇨ Jamás «nunca jamás»

Sin embargo, antes de negociar los términos del nuevo contrato, hay que pensar en la reparación, una especie de «trabajo de interés general» para que el «culpable» pueda redimirse de una vez por todas. Es el precio a pagar por la evolución de las costumbres: el adúltero ya no recibe sanción alguna y, por tanto, resulta difícil perdonar. Es diferente de lo que ocurre con una mujer maltratada, que puede denunciar a su marido y ser reconocida como víctima. Este pagará un castigo, e incluso puede que llegue a ir a la cárcel, pero ya no estará «en deuda» con ella. Entonces, ¿cuál puede ser la sentencia? Puede consistir en un regalo que uno se siente obligado a hacer al otro, o en tiempo dedicado a una tarea, o en algo que comporte un sacrificio. Algo mediante lo cual pueda «pedir perdón». Este castigo simbólico zanjará el episodio, y no el hecho de arrancar una promesa: «¡Júrame que no lo harás nunca más!». Arrancar una promesa o dar la palabra de no ser nunca más infiel son un engaño cuando se vuelve a estar juntos, con más amor que nunca, después de haberse creído perdidos.

Una grieta que se abre

A lo largo de esta obra hemos advertido en numerosas ocasiones sobre las consecuencias imprevisibles de la infidelidad. No siempre se logra solventar una crisis en la pareja. A veces, llega la ruptura. Son muchos los que inician una terapia de pareja, a consecuencia de una infidelidad que altera el «contrato». Y, a menudo, es un síntoma del malestar conyugal, a partir del cual emergen otros problemas. Ocurre lo mismo que, por ejemplo, cuando se descubre que en un taller se hacen pequeñas chapuzas y se pierde la confianza. Para algunos la revelación es brutal, y les resulta imposible vivir con alguien que les ha traicionado. En el ámbito de la terapia, siempre se puede intentar entender estas reacciones extremas e interpretarlas. También es posible que una ayuda exterior contribuya a superar estas crisis e, incluso, a restaurar la relación. Pero a veces no basta con tener todas las claves de estos episodios para poder hacer borrón y cuenta nueva. En algunos casos la ayuda sirve para darse cuenta de que es necesario separarse, para hacerlo de la mejor manera posible y no volver a caer en los mismos errores con otra pareja.

Lo esencial

- Una relación externa a la pareja permite comprender que se quiere realmente al cónyuge y saber mejor por qué.

- Un amante puede hacernos ver cosas que ignorábamos sobre los hombres y las mujeres, en beneficio de nuestra relación con nuestro cónyuge.

- Una crisis derivada de una infidelidad puede servir para iniciar un diálogo entre los miembros de la pareja y reflexionar sobre lo que no funciona. Pero, para poder perdonar, en ocasiones el culpable debe purgar su culpa.

A veces la infidelidad precipita una ruptura. En esta situación, una terapia parece indicada para restablecer la relación. Y, si esto último es imposible, puede ayudar a separarse mejor.

Conclusión

Después de este paseo por terreno minado, nos habremos dado cuenta de que no hay «pequeñas infidelidades».

A nuestra derecha, tú, yo, sibaritas, insatisfechos o curiosos que desearían desdoblarse, estar en el confort de su matrimonio y, a la vez, vivir un paréntesis encantado. A nuestra izquierda, los mismos, o casi, heridos y furiosos por haber sido traicionados...

Tanto si nos identificamos con un bando como con otro, o alternativamente con los dos, esperamos haber sido una ayuda para entender mejor lo que está en juego en una relación secreta y llevar mejor nuestra culpa o nuestro dolor. Y, de paso, seguro que habremos aprendido cosas sobre nosotros mismos. Ya que la manera totalmente personal con la que cada uno vive su sexualidad, la importancia que se da al placer, lo que uno se permite a sí mismo, la atención que prestamos a pesar de todo a nuestro cónyuge... dicen mucho sobre nuestro psiquismo. Incluso se podría decir: «Dime cómo vives la fidelidad y te diré quién eres». En este libro quizá se ha superado el tópico según el cual todas las culpas son del que comete la infidelidad... Y toda la razón es del engañado. Como ya se ha visto, no todo es tan fácil.

La función del terapeuta no es dar una lección de moral. Por un lado, debe actuar como un guía ante la duda de la persona que no sabe qué dirección tomar. Por el otro, ha de informar a quien pasea por territorio infiel sobre los riesgos y las dificultades que entraña cada una de las diferentes vías entre las que duda, y ayudarle a evaluar sus propias capacidades para franquear los escollos y los obstáculos que se arriesga a encontrar en el camino...

Nuestra predisposición a ser fieles o, al contrario, a asumir el riesgo de la infidelidad conyugal está ligada al control de los celos y del sentimiento amoroso, que muchas veces se viven de forma pasional.

En este caso el papel del terapeuta es, principalmente, «acompañar», es decir, dar medios al paciente para ser más maduro en una sociedad que le obliga a actuar como un niño exigente, sin fijarle límites.

Para el facultativo, este trabajo es apasionante, porque, confiándonos su intimidad y lo que es más querido por ellos, nuestros pacientes aprenden mucho sobre ellos mismos y sobre su relación con el mundo.

Bibliografía

Ensayos

BRENOT, P., *Inventer le couple*, col. «Poches», Odile Jacob, 2003.

CHAUMER, S., *La Déliaison amoureuse*, col. «Petite bibliothèque», Payot, 1999.

DE SINGLY, F., *Le Soi, le couple et la famille*, Narthan, 1996.

ETCHEGOYEN, A., *La Force de la fidélité*, ed. Anne Carrière, 2004.

LEMAIRE, J.-G., *Le Couple, sa vie, sa mort*, Payot, 2004.

NEUBURGER, R., *Nouveaux couples*, col. «Poches», Odile Jacob, 1997.

SATIR, V., *Thérapie du couple et de la famille*, Desclée de Brouwer, 2003.

Novela

FERNEY, A., *La Conversation amoureuse*, J'ai lu, 2000. (Trad. esp.: *La conversación amorosa*, Madrid, Ediciones Siruela, 2002).

Grandes obras

MELCHIOR-BONNET, S. y DE TOCQUEVILLE A., *Histoire de l'adultère,* La Martinière, 1999.

Direcciones útiles

Colegio Oficial de Psicólogos
www.cop.es
El Colegio Oficial de Psicólogos es una organización profesional de carácter estatal que actualmente agrupa a 35.000 psicólogos. En la web se puede solicitar información sobre los profesionales de nuestro país que trabajan en el ámbito de las terapias de pareja.

Colegio Oficial de Psicólogos de Madrid
Correo electrónico: copmadrid@cop.es
www.copmadrid.org

Colegio Oficial de Psicólogos de Cataluña
Gran Via de les Corts Catalanes, 751 A, 2.° 1.ª
08013 Barcelona
Tel.: 932478650
Correo electrónico: copc.b@copc.es
www.copc.org

Índice

www.ingramcontent.com/pod-product-compliance
Lightning Source LLC
LaVergne TN
LVHW020319061026
849616LV00032B/455
9781644614044